W0053348

»Ich komme in regelmäßigen Abständen in eine sehr große Welchen-Sinn-hat-mein-Fach-Krise. Diese Krise ist vor allem unter Geistes-wissenschaftlern weitverbreitet, ausgelöst durch das gehäufte Hören der schlimmsten Frage an Studenten: ›Und was macht man dann da-mit?‹. Wenn ich für jedes Mal, bei dem mir diese Frage gestellt wurde, einen Euro bekommen hätte, müsste ich sie heute nicht mehr beant-worten.«

Tabea Mußgnug, Jahrgang 1987, studierte in Heidelberg Kunstge-schichte, Religionswissenschaft und Byzantinische Archäologie und promoviert in Kunstgeschichte. Sie arbeitet in einem Archiv und hofft auf das große geniale Jobangebot.

Weitere Informationen, auch zu E-Book-Ausgaben, finden Sie bei *www.fischerverlage.de*

Tabea Mußgnug

Nächstes Semester
wird alles anders...

Zwischen Uni und Leben!

*Für alle, die denken,
sie bräuchten einen Plan*

FISCHER Taschenbuch

Originalausgabe

Erschienen bei FISCHER Taschenbuch,
Frankfurt am Main, August 2015

© S. Fischer Verlag GmbH, Frankfurt am Main 2015
Satz: Dörlemann Satz, Lemförde
Druck und Bindung: CPI books GmbH, Leck
Printed in Germany
ISBN 978-3-596-03393-5

Für Benny, Hannah, Daniel, Lena und Mischa –
und alle anderen, die die letzten Jahre
so großartig gemacht haben.

Mit besonderem Gruß an Malika. Hihi.

Inhalt

Raveland, Baby

Letztens hab ich mich wahnsinnig erwachsen gefühlt. Und dann hab ich Princess Sparkle, mein rosa Plüsch-Einhorn, im Bett gesehen, und weg war das Gefühl wieder. Ich habe mal gelesen, die Adoleszenz würde sich immer weiter nach hinten hinausschieben, und wenn ich nur mich als Beispiel nehme, glaube ich, dass das stimmt. In meinem Alter waren meine Eltern schon sechs Jahre verheiratet, meine Oma hatte mit 26 drei Kinder. Ich fühle mich schon eingeengt, wenn ich mich für den Uni-Schwimmkurs fürs ganze Semester anmelden muss.

Meine Mitbewohnerin, die so alt ist wie ich, beendete kürzlich ganz ernst einen Satz mit »... und dann saßen neben uns noch ein paar Erwachsene.« Ich glaube, das beschreibt ganz gut, wie es ist. Viele von uns, nicht alle, aber viele, würden sich niemals als erwachsen bezeichnen, auch wenn der zwanzigste Geburtstag schon eine ganze Ecke her ist.

Ich bin beleidigt, wenn Teenager mich siezen.

Ich bedanke mich, wenn ich an der Kasse wegen der Flasche Gin nach dem Ausweis gefragt werde.

Ich verstecke mich immer noch zum Rauchen, wenn ich bei meinen Eltern zu Besuch bin.

Ich nehm's nicht mal persönlich, wenn mich auf Familiengeburtstagen keiner fragt, ob ich auch ein Glas Wein will.

Ich weiß nicht, ob es die Quarterlife Crisis wirklich gibt, es kommt mir ein bisschen so konstruiert vor wie Burn-out, wo ja auch jeder Angst hat, Erschöpfungsdepression zu sagen. Wikipedia hat einen Eintrag dazu, da steht über die Quarterlife Crisis, sie sei der »Zustand der Unsicherheit im Lebensabschnitt nach dem Erwachsenwerden«.

Vielleicht ist es tatsächlich normal, dass man einerseits genug hat vom Dahintreiben und gleichzeitig Angst, irgendwo ankommen zu müssen. Ich weiß nicht, wen ich heirate. Ich weiß auch nicht, was ich eigentlich genau arbeiten möchte. Ich kann mir für mich alles oder nichts vorstellen, und eigentlich will ich es auch gar nicht so genau wissen. Mal will ich einen Bauernhof, mal eine Wannseevilla. Meine Berufswünsche pendeln zwischen Nobelpreisträgerin und Hausfrau und erfassen jede Nuance dazwischen.

Meine Eltern sind Ende der fünfziger Jahre geborene Babyboomer. Als mein Vater Techniker lernte und meine Mutter in der Grundschulpädagogik-Vorlesung strickte, waren sie sich sicher, dass das jetzt die Berufe sein würden, die sie bis zur Rente haben werden. Uns, den Ende der Achtziger Geborenen, wird gesagt, dass man flexibel sein muss, dass nichts für immer ist und die Rente sowieso nicht mehr existiert, bis wir dran sind. In uns paart sich Unverbindlichkeit mit Fatalismus und einem Schuss abenteuerlustigem Tanz-am-Abgrund-Gefühl. Heraus kommen dabei entweder BWL-Studenten mit 60-Stunden-Praktika oder solche wie ich.

Seit 10:57 Uhr tue ich nichts. Davor habe ich einen mittelmäßigen Krimi fertiggelesen. Ich muss heute noch die Wäsche machen, und das ginge auch noch morgen. Ansonsten habe ich keine Pläne. Ich weiß, das klingt für viele nach dem Paradies, nichts tun müssen, wenige Termine, keine Regeln. Aber ich hab das seit eineinhalb Jahren und kann gar nicht so viel Kaffee trinken gehen und in der Stadtbücherei sein, um nicht langsam meine Haare essen zu wollen. So lange promoviere ich schon, sitze also an meiner Doktorarbeit. Das klingt nach viel Arbeit und viel Intelligenz, aber ehrlich, das ist es nicht. Es fühlt sich an, als würde ich einfach auf eine sehr lange Zeit verteilt einen sehr, sehr langen Aufsatz schreiben. Mir fällt nichts mehr ein, was ich noch machen könnte, wenn ich gerade nicht an meiner Arbeit sitze. In Zeiten wie jetzt, wo die Arbeit bei meinen Doktorvätern zur Zwischenkorrektur liegt und ich also nicht mal meine täglichen zwei Stunden in der Uni-Bib vorm Laptop sitzen und tippen kann, ist es besonders schlimm. Die meisten meiner Freunde, die mit mir zusammen studiert haben, sind weg, weil sie nicht promovieren wollten, sondern arbeiten. Die Freunde, die noch hier sind, studieren noch und haben den ganzen Tag Vorlesungen und Seminare und bereiten Referate vor.

Nur ich bin einfach so da. Jeder hat 'nen Job, ich hab Langeweile.

Das Jetzt ist eine große, langweilige Wartehalle. Aber vor dem Danach habe ich auch Angst, weil das Danach bedeutet, in die wirkliche Welt zu müssen. Die Uni ist ja nicht die wirkliche Welt. Die Uni ist eine Käseglocke mit Semesterticket und Studentenversicherungen, WG, Mensaspargel für zwei Euro, und für alles gibt es eine Beratungsstelle. Wir haben viel Zeit, ohne dass uns jemand sagt, wir hingen nur rum, denn wir studieren ja, wir machen etwas Wichtiges und Respektables und arbeiten mit unserem Kopf. Wenn man ins Ausland will, kann man einfach mal ein Semester in Barcelona wohnen, die Uni kümmert sich darum. Wenn man das eine Seminar nicht mag, dann lässt man es eben. Wenn ein Schein nicht klappt, macht man ihn halt nächstes Semester noch mal.

Als Student gewöhnt man sich schnell einen für die Restbevölkerung relativ seltsamen Lebensrhythmus an. Ich gehe vor zehn nie aus dem Haus und vor zwölf nicht ins Bett. Ich wünsche donnerstags ein schönes Wochenende und kann zur Freude der Arzthelferinnen auch zu völlig abseitigen Uhrzeiten kommen. So richtig klar wurde mir, wie sehr ich zeitlich gesehen in einer Parallelwelt lebe, als ich vor einiger Zeit an einem Montagabend mit meiner Mitbewohnerin Sarah bei ihrem Freund Lukas zu Besuch war. Eigentlich wollten wir nur einen Film zusammen schauen, aber wir fanden eine Flasche Absolut Vodka Himbeer, eiskalt, und weil es heiß war und wir außer Wassermelone kaum etwas gegessen hatten, war die Wirkung beeindruckend. Um halb neun stand ich oben am geöffneten Zimmerfenster und warf grölend frisch gewaschene Unterhosen vom Wäscheständer auf die Straße. Unten versuchte Sarah, alle aufzufangen, und lachte sich kaputt. Passanten liefen vorbei, auf dem Weg von der Arbeit nach Hause und in Erwartung einer ganzen Woche, die noch vor ihnen lag, während ich eine Gurke aus dem Fenster schmiss, weil mir die Unterhosen ausgegangen waren. Um halb zehn wechselten Sarah und ich uns mit dem Kotzen ab. In einem meiner helleren Momente dazwischen dachte ich mir, dass es Zeit wird, in der Realität anzukommen und einen Job zu finden.

Ich sehe seit einiger Zeit, was das wirkliche Leben ist, zumindest bilde ich mir das ein, wenn ich beobachte, wie meine Freunde außerhalb der Käseglocke leben. Die haben Kredite und Schulden und Häuser und Kinder und Jobs, die ihnen zwar wirkliches Geld bringen, aber kaum Zeit, es auszugeben. Ich bin mit immer mehr Leuten befreundet, die eine Steuererklärung machen. Das ist für mich das ultimative Zeichen, erwachsen zu sein.

Ich bin irgendwo dazwischen, will nicht mehr hier sein und auch nicht raus, und weiß, dass ich diese Zeit, die ich jetzt so langweilig und ausgelutscht finde, in fünf Jahren gerne wiederhätte, wenn ich um acht zur Arbeit muss und um sechs wieder heimkomme und nur noch am Wochenende Zeit habe, aber auch die Wochenenden zusammengeschrumpft sind zu tatsächlichen Wochenenden, also Freitagabend bis Sonntagabend. Ich werde dann den Tatort gucken und mich vor Montag gruseln und die Zeit zurücksehnen, in der ich keinen geregelten Wochenablauf hatte. Ich werde vergessen haben, wie genervt ich damals davon war, keinen zu haben.

Wer studiert, hat Zeit. Wer was anderes sagt, lügt oder macht ein duales Studium. Als Geisteswissenschaftler an der Uni besteht das Leben aus Vorlesungen und Scheinen, aus Copyshop und Readerabholen, aus mündlichen Prüfungen, Referatsterminen und Klausuren und Hausarbeiten. Klar sind das alles Dinge, die manchmal stressig und anstrengend sind, man ist mal aufgeregt oder ärgert sich. Aber generell hat man dazwischen einfach ziemlich viel Zeit. Fünf Monate Semesterferien im Jahr. Abgabetermine lassen sich mit nett »Bitte« sagen verschieben, Prüfungen kann man wiederholen. Wenn man krank ist, braucht man keinen Krankenschein. Wenn ich nicht will, dann muss ich nichts.

Vielleicht geht es nur mir so, aber bei jedem Praktikum, das ich während meines Studiums gemacht habe – und es waren nicht viele –, kam ich am ersten Tag völlig aufgelöst heim und schwor, da nie nie nie wieder hinzugehen. Vier Wochen Montag bis Freitag von morgens bis abends neun Stunden wo sein zu müssen, wo mir jemand sagt, wann ich gehen kann, und ich machen soll, was mir gesagt wird, ist jedes Mal wieder ein böses Erwachen aus meinem Wenn-das-nicht-dann-was-anderes-Leben.

Die Vorstellung, im Winter sowohl bei Dunkelheit aus dem Haus zu gehen als auch wieder heimzukommen, 28 Urlaubstage im Jahr und generell das Gefühl, nichts vom Tag gehabt zu haben, ist nichts, was mich heraus-lockt aus meinem mittlerweile sieben Jahre dauern-den Leben zwischen Uni und WG. Sieben Jahre, das sind vierzehn Semester. Ich bin schnell, auch wenn sich's nicht so anhört. Bachelor Regelstudienzeit, Master Regelstu-dienzeit, Promotionsmarathon. Trotzdem hätte ich nie gedacht, dass ich mal vierzehn Semester studieren würde. Ich weiß noch, wie der Film »Dreizehn Semester« raus-kam. Ich saß gerade an meiner Bachelorarbeit und war mir sicher, gleich danach einen wahnsinnig tollen Job zu bekommen. Dienstagnachmittag ging ich mit meiner Mitbewohnerin Sarah in den Film, und wir gruselten uns über die Zahl Dreizehn und dachten verächtlich an das, was wir uns unter Langzeitstudenten vorstellten. Und jetzt steht auf meinem Stammdatenblatt unter »Fach-semester« eine Zahl die eins mehr als dreizehn ist. Vier-zehn Semester und immer noch nicht groß.

»Ich danke meinen Eltern und dem ganzen Kunstkurs«

Das Jahr, in dem ich Abi machte und zu studieren anfing, war ein gutes Jahr. Es war passenderweise das offizielle »Jahr der Geisteswissenschaften«, der Sommer war heiß und lang und begann schon in den Osterferien, und Fettes Brot sangen Emanuela. Ich beneide regelmäßig die ziemlich betrunkenen »Abiiiiiii«-Schreier mit ihren frisch bedruckten Shirts mit schlechtem Motto (KohlrABI, How I met your ABI, BacABI, jede Form von James Bond), die sich in Heidelberg Ende Juni auf der Neckarwiese zum Grillen treffen und sich jetzt einen ganzen Sommer lang sehr erwachsen und sehr frei fühlen. Ich weiß noch, wie gut das war. Wir hatten ein schwarzrotes Abi-Shirt, was uns auf der Abschlussfeier aussehen ließ wie 95 Metal-Fans, und es war schön zu denken, dass alles völlig offen ist. Völlig offen war es natürlich nie, denn ich hatte einen Abi-Schnitt von 2,1, der gemessen an meinem Aufwand zwar ein kleines Wunder war, aber aus mir auf keinen Fall mehr eine Ärztin oder eine Kommunikationswissenschaftlerin machen konnte – beides Studiengänge, bei denen der Numerus clausus in diesem

Sommer bei schlechtestenfalls 1,3 lag. Das war kein Problem, zumindest Ärztin hätte ich sowieso nicht werden wollen, außer vielleicht Tierärztin. Das war mein Traumberuf zwischen der dritten und der achten Klasse, und wie viele andere Mädchen stellte ich mir dabei vor allem vor, wie ich den ganzen Tag süßen Hunden die Pfötchen verbinden würde. Hässliche Bilder von Pferdebesamung trieben mir den Berufswunsch letztlich aus.

Mein Schnitt hätte vermutlich ein kleines bisschen besser ausgesehen, wenn ich das Abi ein kleines bisschen ernster genommen hätte. Für Englisch las ich die Clash of Culture-Shortstorys im Freibad am Tag davor. Für Deutsch lernte ich gar nichts, Effi Briest hatte ich immerhin gelesen. Und im Gegensatz zu manchen Mitschülern ging ich auch nicht in einen Mathe-Intensivkurs in den Osterferien. Gerade Letzteres war eine meiner schlechteren Entscheidungen, vor allem weil ich mit dem GTR, diesem riesigen Taschenrechner mit 37 183 Funktionen, den wir von der Schule bekamen, keine Kurven zeichnen, sondern nur mit den Buchstabentasten lustige Nachrichten an meine Nebensitzer schreiben konnte. Meine Leistungskurse waren Kunst und Biologie, also die Kombination, mit der man die wenigsten Wochenstunden hatte. Für die andere Faultierkonstellation – Sport und Erdkunde – war ich leider zu langsam im Cooper-Test. Man musste bei uns nur in einem Leistungskurs Abi schreiben, und ich entschied mich kurz vor knapp kopflos für Biologie, weil ich Angst hatte, in der praktischen Kunstprüfung käme Töpfern dran. Kurz zuvor hatten wir nämlich im Kunst-LK eine kubische Architekturphantasie töpfern sollen, und ich bekam als Einzige von 24 Schülern nicht eine gerade Kante hin. Mein Kunstlehrer sprach später von »23 Architekturphantasien und einer Birne«. Für Bio musste man allerdings wesentlich mehr lernen als für Kunst, und Töpfern kam dann auch gar nicht in der Prüfung dran.

Die Tage des Abi-Schreibens zogen wie im Nebel an mir vorbei, und ich dachte mir noch, dass ich immer davon ausgegangen war, in dieser Woche würde man sich irgendwie ganz besonders und ganz angestrengt fühlen. Ich guckte viel aus dem Fenster, weil mir nie so viel einfiel, dass ich die ganzen fünf Stunden hätte durchschreiben können. Ich kann mich sogar noch daran erinnern, wie draußen vorm Fenster der Rasen gemäht wurde und ich versonnen dachte, dass gemähtes Gras sehr gut riecht. Ich ging oft aufs Klo und aß viele Himbeertraubenzucker, die ich – nervig für alle – einzeln aus ihrer knisternden Folienverpackung schälte.

Den mündlichen Teil, die sogenannte Präsentationsprüfung, brachte ich sehr lustlos hinter mich, was man daran merkte, dass meine einzige Quelle zum Thema Wikipedia war, und dementsprechend emotionslos war dann auch meine Benotung. Meine 2,1, mit der ich letztlich vom Platz ging, ist also eigentlich noch viel zu gut. Ich lag damit in etwa im Mittelfeld, viele waren besser, viele schlechter. Zwei in meinem Jahrgang hatten allerdings einen 0,75-Schnitt, und das finde ich irgendwo auch wieder abartig. Der eine arbeitet inzwischen bei McKinsey 23 Stunden am Tag und fährt in der 24. Stunde einen beeindruckenden Porsche nach Hause. Die andere studierte Ethnologie, also ein Fach, für das, wie man an meinem Beispiel sieht, auch 2,1 reicht. Im Rückblick hätte sie also eigentlich auch eine Jugend haben können.

Wir waren eine Reformgeneration, zumindest in Baden-Württemberg: Es begann schon in der Grundschule, wo ich nicht die normale Schreibschrift mit dem schönen geschnörkelten großen H, sondern die langweilige »Vereinfachte Ausgangsschrift« lernte. Im Gymnasium kam die Oberstufenreform drei Jahre vor mir an. Ich konnte nicht mehr Mathe abwählen oder alle Sprachen, und das war für meinen Abi-Schnitt nicht gesund. Vor allem nicht das mit den Sprachen, darin war ich immer schlecht, und das, obwohl ich im Sprachzug war. Der Sprachzug war der Streberzug. Die, die schon in der sechsten Klasse rauchten und später wussten, wie man den Ausweis fälschen kann, um sich in Clubs ab 18 zu schummeln, waren immer in den Naturwissenschaftsklassen. Später, einige Jahrgänge nach uns, wurde der Sprachzug als Strebersammelbecken an unserer Schule dann von der sogenannten Streicherklasse abgelöst, also fünfundzwanzig Elfjährige, die sich zusammenfanden, weil sie so gerne Bratsche spielten. Mit Englisch ging es jedenfalls bei uns los, das fand ich am Anfang noch cool. Wir bekamen englische Namen, um unseren Sprachfluss nicht durch deutsche

Namen zu verhunzen, und ich entschied mich für Kelly, nach Kelly Bundy aus »Eine schrecklich nette Familie«, wobei mir diese Begründung inzwischen ein bisschen peinlich ist. Leider hatte ich kein Glück mit meiner Englischlehrerin, denn sie mochte mich nicht. Das zieht sich durch meine Biographie, meine Probleme mit Englischlehrerinnen. Selbst die, die ich in der Oberstufe neu bekam, konnte mich auf Anhieb nicht leiden. Als Einzige aus meiner Klasse bekam ich von ihr einen Klassenbucheintrag, weil ich für die praktische Führerscheinprüfung einen Tag gefehlt hatte. Ich war übrigens durchgefallen, wie fast jede meiner Freundinnen, insofern lohnte sich dieser Klassenbucheintrag nicht einmal. Der Führerschein war eine der teuersten und gleichzeitig traumatischsten Episoden meines Lebens. Er kostete mich 1400 Euro, zwei Fahrlehrer, zwei praktische Fahrschulprüfungen, mehrere Muskelkater wegen verkrampft durchgetretener Kupplung und mindestens beide Ärmel meines Nervenkostüms.

Latein bekam ich in der siebten Klasse. Gallia est omnis divisa in partes tres. Unsere Eltern waren begeistert, vielleicht wegen des leicht humanistischen Touchs. Latein, so sagte man uns, schule die generelle Einsicht in die Grammatik, man könne sich viele Fremdwörter herleiten, und außerdem ginge es ja um die Allgemeinbildung und so. Nur für die Uni, da brauche man es wirklich kaum noch, nur für Medizin oder Jura. Das ist eine der größten Lügen, die mir in meiner Schulzeit erzählt wurden, zumindest wenn man in Heidelberg studieren will. Hier braucht man für Medizin und Jura kein Latinum, aber für etwa jedes andere Fach. Latein für Germanistik, Anglistik, Ethnologie – generell für alles. Darum sitzen unglaublich viele Leute in ihren ersten zwei bis drei Semestern vor allem dreimal die Woche in Lateinkursen statt in Seminaren, die tatsächlich etwas mit ihrem Fach zu tun haben, und holen mit heraushängender Zunge das Latinum nach. Viele fallen durch, manche melden sich aus Angst ewig lange nicht an und verschenken so zwei Semester, wieder andere machen teure Crash-Kurse. Wenn man der Uni dann endlich sein nachgeholtes Latinum vorlegen kann, wird kurz genickt und gestempelt, und danach braucht man es nie mehr, zumindest habe ich für Kunstgeschichte, Religionswissenschaft, Byzantinische Archäologie und mein eines Semester Germanistik nie wieder ein Wort Latein hervorgekramt.

Trotzdem war ich natürlich wahnsinnig froh, in der Schule schon Latein gehabt zu haben, als ich an die Uni kam. Denn im Gegensatz zur Schule muss man in den Uni-Lateinkursen tatsächlich Latein lernen und kann sich nicht jahrelang durchwursteln, ohne zu verstehen, was man da macht. Die ersten vier Jahre hatte ich durchgängig eine Vier, und die war noch geschönt, weil ich weder Vokabeln lernte noch jemals verstanden habe, was ein AcI ist. Im fünften und letzten Jahr kam die Rettung: Wir bekamen eine alte, schwerhörige Lateinlehrerin, mit einer Vorliebe für Stoffhosen mit Bügelfalte, die sie knapp unter den Brüsten mit schmalen Gürteln festzurrte. Sie war meine Chance. Ich ließ mir im Unterricht die richtigen Antworten vorsagen, weil sie Flüsterfrequenzen nicht hörte, schrieb ab, weil sie auch noch schlecht sah, und hielt ein benotetes Referat, das aus einem selbstgeschriebenen und selbstaufgenommenen Hörspiel zum Thema »Die Frau im alten Rom« bestand, bei dem ich meine Freundinnen gezwungen hatte, zu dilettantischen Hintergrundeffekten Frauenschicksale einzusprechen. Ich bekam dafür eine Eins und wählte Latein mit einer Zwei ab, die sich in meinem Zeugnis beeindruckend genug ausmachte, um einen Studienplatz an der lateinbesessenen Heidelberger Uni zu bekommen. Latein und ich, eine Erfolgsgeschichte auf niedrigem Niveau.

Generell war ich falsch im Sprachzug, ich hasse Sprachen lernen und kann es auch nicht. Wenn meine anglistikstudierenden Freunde im Raum sind, spreche ich kein Wort Englisch, vor lauter Hemmungen, peinliche Fehler zu machen. Die Wahrscheinlichkeit dafür ist ziemlich groß, weil ich mir nicht merken kann, das He-she-it-S anzuhängen. In unserer WG, damals noch mit einer Anglistin besetzt, waren vor einigen Semestern zwei Spanier zu Besuch, die nur Englisch und Spanisch sprachen. Ich verstummte für einen ganzen Tag, bevor Julia, die Anglistin, in der Stadt unterwegs war und ich endlich die tausend aufgestauten Dinge, die ich den Spaniern erzählen wollte, in meinem Schulenglisch ohne Scham radebrechen konnte. Ich war darum natürlich auch nie in einem

Sprachkurs im Uni-Sprachlabor und bin damit eine große Ausnahme. Fast jeder, den ich kenne, war dort irgendwann mal für Spanisch, und wenn es das nicht war, dann Italienisch, und wenn das nicht, dann Schwedisch. Es gibt natürlich auch noch andere Sprachen, die dort unterrichtet werden, aber ich kenne wirklich keinen, der etwas anderes außerhalb dieser drei gemacht hat. Allerdings hätte ich selbst bei großer Sprachbegabung nichts davon lernen können, weil ich das R nicht rollen kann. Ich habe es schon sehr oft und sehr verzweifelt versucht, aber außer ein bisschen Rumgeröchele kam bisher wenig dabei herum. Sogar einen Uni-R-roll-Kurs habe ich mitgemacht. Den gibt es in Heidelberg wirklich, und er ist eigentlich für Spanisch- und Italienischstudenten, die damit Probleme haben. Ich durfte trotzdem mitmachen und ging anfangs sehr motiviert hin. Nachdem ich allerdings zehn Wochen lang Mittwochnachmittags »Brrrrrruno« und »Trrreppe« gesagt hatte und sich bei mir nichts tat, während nach und nach alle inzwischen erfolgreich R-rollenden Teilnehmer den Kurs verließen, gab ich auf. Die Vorstellung, irgendwann dort alleine mit der Logopädin zu sitzen und »Brrrrrrrötchen« zu sagen, war zu bitter.

Unsere Klasse war wie gesagt die Sprach- und damit Streberklasse. Wir waren immer die A, meiner Erfahrung nach ist das der deutschlandweite Streberklassenbuchstabe, während die D-Klassen immer die sind, mit denen die Lehrer sich weigern, ins Schullandheim zu fahren.

Weil wir die Streberklasse waren und zudem besonders sozial und nett, bekamen wir die meisten Referendare zugeteilt. Sogar Referendare, die uns normalerweise gar nicht unterrichteten, hielten ihre Lehrproben bei uns ab. Dadurch bekamen wir zwar oft Kuchen zum Dank, mussten aber auch jeden Referendar-Quatsch mitmachen, der an den Pädagogischen Seminaren gerade gehypt wurde.

Referendare sind ja generell entweder verhuschte Mäuschen oder wahnsinnig motivierte Methodenkoffer-Besitzer. Wir machten etwa jede fancy Unterrichtsmethode mit, die vorstellbar ist. Fishbowl (vier diskutieren in der Mitte, alle anderen sitzen drum rum), Heißer Stuhl (einer sitzt in der Mitte und diskutiert), Westminster Abbey (alle sitzen sich wie im Chorgestühl gegenüber und diskutieren). Einmal mussten wir ein altrömisches Scherbengericht nachspielen, einmal einen Akt von Götz von Berlichingen als Improvisationstheater aufführen. Oft geben Referendare in ihrer Übermotivation zu schwere Aufgaben und zu schlechte Noten, was nicht nett ist, wenn man doch für sie brav eine Tonscherbe fürs Scherbengericht beschriftet hat. Das liegt daran, dass sie noch zu nah an der Uni dran sind, um fassen zu können, wie wenig Schüler können und wissen wollen. Jemand, der jahrelang im Mathestudium mit Buchstaben gepuzzelt hat, kommt kaum damit klar, dass jemand in der zwölften Klasse noch nicht weiß, was ein y-Koordinatenabschnitt ist (ich); wer Chemie studiert hat, versteht nicht, warum jemand auch nach drei Jahren Chemieunterricht nicht kapiert, wie man eine Reaktionsgleichung aufstellt, und das auch nicht wissen will (ich), und ein Historiker kann von einer Siebzehnjährigen die Antwort »Mauerfall« auf die Frage, was 1945 passiert ist, nicht fassen (ich muss betonen: das war nicht ich). Und wir waren die Streber. Was jemand aus der D-Klasse an dieser Stelle gesagt hätte, möchte ich jetzt hier lieber nicht überlegen.

In jedem Fall hatten wir alle irgendwann im Sommer das Abi in der Tasche, sogar mit Latinum, und konnten in die große weite Welt starten. Viele machten ein FSJ und einige Zivi, der bei uns noch nicht abgeschafft war und auch noch nicht Bufdi hieß, der beknackteste Name, der jemals für etwas erfunden wurde. Gefühlt die Hälfte ging für ein Work-and-Travel-Jahr nach Australien. Davor kamen aber noch die Abi-Zeitung und der Abi-Ball.

Für den Abi-Ball kauften wir uns sehr enthusiastisch schöne Kleider und suchten wochenlang in den umliegenden Städten nach dem perfekten Outfit, nur damit dann doch fast alle ein schwarzes knielanges Cocktailkleid mit ausgestelltem Rock beziehungsweise einen Anzug mit einem pastellfarbenen Hemd anhatten. Ich dachte, ich müsste gegen den Strom schwimmen, und kaufte mir ein cremeweißes Kleid. Anfangs fühlte ich mich damit auch sehr individuell, inzwischen habe ich diese Entscheidung allerdings schon viele Male verflucht, weil ich damit die Einzige meiner Freundinnen bin, die ihr Abi-Ballkleid niemals noch einmal auf eine Hochzeit anziehen konnte. Unsere Abi-Zeitung war sehr, sehr dick, und ich schrieb mehrere Artikel über einige Lehrer, für die ich mich inzwischen gerne entschuldigen würde. Natürlich hatte jeder von uns einen Steckbrief, auf dem man eintragen konnte, was man denn nun in Zukunft so machen wollte, und ich schrieb Kunstgeschichte als Studienwunsch hin, was sich ja nun schließlich auch bewahrheitet hat. Ich war mir sicher, dass alles glattgehen und ich mit 25 heiraten und mit 28 mein erstes Kind bekommen würde (wie meine Mutter) und dazwischen eine rasante und wunderbare Karriere als Kunsthistorikerin in einem sehr, sehr bedeutsamen Museum hinlegen würde, vielleicht in der Pinakothek oder auch meinetwegen nur in der Deutschen Nationalgalerie. Das alles malte ich mir aus, während meine Freundinnen und ich auf den letzten gemeinsamen Gartenpartys saßen, die letzten gemeinsamen Zigaretten rauchten, überall Ruby von den Kaiser Chiefs lief und wir gemeinsam vom Rand der Welt fielen, wie wir sie bisher kannten.

»... oder halt auf Lehramt«

Wie eigentlich alle las ich in diesem Sommer den Zeit-Studienführer, die Bibel der Abiturienten, und versuchte dort, mir per Ampelsystem das Für und Wider der verschiedenen Unis zu merken. Ich blätterte vor und zurück und las wirklich beinahe jeden Studiengangsinformationstext. Ich sehe mich noch in diesem Sommer in meinem wegen der Hitze rolladenabgedunkelten Kinderzimmer auf dem Bett liegen und den Artikel über Umweltengineering lesen. Kurz zuvor hatte ich die Staffel Mein Leben und ich – eine der wenigen guten Serien des deutschen Fernsehens, neben Türkisch für Anfänger (Elyas M'Barek!) und vor allem Doctor's Diary (Florian David Fitz!) – beendet, in der Alex ihr Studium beginnt und sich ein Semester lang in alphabetischer Reihenfolge in alle Studiengänge der Uni Köln setzt. Das hätte ich auch mal machen sollen. Ich überlegte mir Innenarchitektur, schwenkte um zu Modedesign, erwog aus romantischen Ländereien-Phantasien mit Beagles kurz Forstwirtschaft, musste mir aber dann eingestehen, dass ich schon auf befestigten Waldwegen vor lauter Zecken-Panik immer hochgeschlossen und mit Kapuze herumlaufe und darum vermutlich als Försterin von den Waldarbeitern ziemlich viel hätte einstecken müssen. Natürlich überlegte ich mir, wie jeder zweite meines Jahrgangs, ob ich nicht IMM studieren sollte, wie der Kabarettist Florian Schröder sagt: irgendwas mit Medien. Medienkommunikation war einer der großen Studientrends meines Abi-Jahrgangs, zusammen mit Wirtschaftsingenieurwesen. Ein ehemaliger Klassenkamerad, der Politikwissenschaft studiert hat, schrieb mir nach mehreren Jobabsagen letztens leicht verbittert, er hätte es doch so machen sollen wie 95 % der Jungs unserer Klasse, dann hätte er zwar nicht gemacht, was ihm liegt, aber einen Job bei Audi und ein Bruttogehalt von 4000 aufwärts. Da ich in Mathe grauenvoll war, Autos nicht mag und man für irgendwas mit Medien im fraglichen Wintersemester einen Schnitt von 1,3 brauchte, wenn man nicht in Chemnitz landen wollte, schieden die 08/15-Studiengänge meiner Generation allerdings für mich aus. Ich überlegte wirklich alles, auch Goldschmiedin. An sich finde ich es ja schon ganz okay, das zu werden, was man will. Ein Abi verpflichtet nicht zum Studium und ein 1,0-Abi auf gar keinen Fall zum Medizinstudium, vor allem nicht, wenn man gleichzeitig die soziale Intelligenz einer Amöbe hat. Ich kenne eine, die wurde mit 1,0 Nonne. Eine, die jetzt glückliche Hutmacherin ist. Meine Freundin Sophie wird Floristin, nachdem sie zwei Jahre überlegt hat, was sie werden möchte. Zwei Jahre. Meine Eltern drängelten schon auf einen Entschluss, als ich eine Woche vor der

Abi-Gala noch nicht recht wusste, was mal aus mir werden soll. Einige wussten es sogar noch früher, das waren die, die BA machten. BA, also duales Studium mit drei Monaten arbeiten und dann wieder drei Monate studieren, war etwas, was um unser Abi herum sehr groß wurde. Dafür muss man sich schon ein Jahr vor Schulende einen Ausbildungsbetrieb suchen und Bewerbungen schreiben, also was für ziemlich Zielstrebige. Das war ich schon mal nicht. Meine Freundin Katharina und ich hatten jahrelang diffus von einem gemeinsamen Psychologiestudium in Konstanz plus gemeinsamer Wohnung geträumt und alles geplant, bis hin zum roten Kühlschrank und einem dieser riesigen eierschalenfarbenen schnurlosen Telefone, die in US-Serien immer alle haben. Es wurde nichts draus.

Zum Schluss blieb die Erinnerung an meine vielen guten BK-Klausuren und daran, dass ich in der siebten Klasse sehr für meine Bildbeschreibung des Isenheimer Altars gelobt worden war, und ich landete bei Kunstgeschichte. Begleitfach Germanistik, »weil ich halt so gern lese«. Die irreführendste Begründung für ein Germanistikstudium, die man haben kann, wie ich ein Semester später wissen sollte. Ich bewarb mich nur an zwei Unis – in Karlsruhe und Heidelberg –, was mich ziemlich exotisch machte, in einer Zeit, in der man anfing, sich an zehn Unis gleichzeitig zu bewerben. Die Wahl dieser Städte erfolgte auch nicht nach einem ausgeklügelten System, sondern nach dem Prinzip des Nächstliegenden.

Manche Leute suchen sich ihre Studienstadt aus Lifestyle-Gründen aus. Das sind die, die nach Berlin gehen. Oder, wenn traditionsbewusst und Ralph-Lauren-Kunde: München. Manche stellen sich bewusst und rätselnd der Frage, ob sie denn für eine Massenuni (Köln) oder eher den Geheimtipp (Hildesheim) geboren sind. Die Freigeister zieht es an diese Siebziger-Jahre-Beton-Universitäten in Bochum und Duisburg, die umweltbewussten Mate-Trinkerinnen mit Kleidern von Blutsgeschwister nach Freiburg, und die, denen es egal ist, wo sie studieren – Hauptsache, es ist elitär und riecht nach Chefsessel –, studieren an irgendwelchen Privat-Unis meistens in der Nähe unbekannter Weinstädtchen. Ich habe darüber überhaupt nicht nachgedacht. Karlsruhe ist die Stadt meiner Kindheit auf dem badischen Dorf, in der »Ich fahr in die Stadt« immer Karlsruhe meinte. Die Karlsruher Uni ist vor allem eine technische, und die Stadt selber hat – BGH hin oder her – immer noch was vom beschaulichen Beamtenstädtchen. Heidelberg ist eine Stadt, die, wäre sie eine alte Frau, immer Chanelkostüm und Golduhr tragen, nach schwerem Parfüm duften und einen »von«-Namen tragen würde: alt, klein, reich und ein bisschen Snob. In Heidelberg hatte ich mich sogar nur auf Zureden meiner Freundinnen beworben, so zur Sicherheit, was sehr gut war, weil ich nämlich einen Haken bei der Onlinebewerbung in Karlsruhe falsch setzte, und damit meine Bewerbung ungültig war. Durch mein falsches Häkchen hatte ich mich dort plötzlich nur für Germanistik als Hauptfach beworben, an sich schon keine gute Idee, wenn man bedenkt, dass kaum jemand weiß, dass es an der Karlsruher Uni überhaupt Germanistik gibt. Ich wurde sofort angenommen und zu einem Vorabtest eingeladen, der endgültig über meinen Karlsruher Studienplatz entscheiden sollte. Weil die Zusage von Heidelberg noch nicht da war, ging ich vorsichtshalber zum Test. Die Karlsruher Uni ist im Gegensatz zu Heidelberg eine Campus-Uni, und ich weiß noch, wie verloren und gleichzeitig wahnsinnig bedeutungsvoll ich mich fühlte, als ich zwischen den vielen großen Backsteinbauten aus dem 19. Jahrhundert herumirrte, den Hörsaal suchte, in dem der Test geschrieben wurde, und mir schon vorstellte, wie ich bald mit einem Uni-Kapuzenpulli und vielen wahnsinnig coolen Freunden aus den höheren Semestern hier oxfordeske Gespräche führen würde. Der Test selber war dann relativ doof, ein Multiple-Choice-Test zum Ankreuzen, querbeet einmal durch das, was Dietrich Schwanitz Allgemeinbildung nennen würde.

Solche Tests werden ja in den letzten Jahren sowieso immer beliebter, was ich eigentlich auch richtig finde, sofern sie dann auch irgendwas mit dem Fach zu tun haben. Denn nur, weil einer mit seiner Physik-Eins seinen Schnitt hochgezogen hat, muss das nicht heißen, dass er ein sympathischer Arzt wird. Numerus clausus und soziale Intelligenz gehen ja nicht immer verliebt Hand in Hand. Es gibt ja immer wieder Leute, bei denen man denkt: O bitte, studier das doch nicht fertig. Ich kenne einen Pfarramtsstudenten mit Angst vor freiem Sprechen. Und eine angehende Psychologin, die ohne Antidepressiva morgens nicht einmal ihr Brötchen schmieren kann.

Um zu verhindern, dass Leute Studiengänge beginnen, für die sie nicht geeignet sind, hat sich Baden-Württemberg jetzt einen Test einfallen lassen, und zwar einen für Lehramtswillige. Für Lehramt entscheidet man sich ja schnell mal aus anderen Gründen als »Ich will ein engagierter Lehrer werden«. Zum Beispiel, weil man einerseits Geschichte und Germanistik studieren und andererseits trotzdem was verdienen will. Oder – meiner Erfahrung nach betrifft das vor allem relativ schüchterne Mädchen, deren schlechteste Note in der Schule eine Zwei minus war und die sich gut mit der Französischlehrerin verstanden – weil man Schule halt schon kennt. Nun soll dem vorgebeugt werden, indem es einen knallharten Online-Test gibt, der etwaige Schwächen entlarvt und durch ausgeklügelte, undurchschaubare Fragesysteme zu einem deutlich kommunizierten Ergebnis bezüglich der Lehrereignung führt. Ich habe diesen Test mal aus Neugier mitgemacht. Es beginnt schon damit, dass man einen Code aus neun Ziffern beziehungsweise Buchstaben erfinden muss, um ihn als Zugangsschlüssel zum Test einzugeben. Müsste zu lösen sein. 12345678A. 19871988T. 32168Rosi – wenn man beispielsweise Fan der Spider Murphy Gang ist. Es ist also nicht so schwer. Aber offenbar hält das Bildungsministerium das doch für eine komplexe Hürde. Es bietet nämlich eine zwei Absätze lange Erklärung plus einen Vorschlag zur Herleitung der Nummern und Buchstaben an. Mit Rechenexempel, damit es wirklich jeder versteht. Man soll, so das Bildungsministerium, doch sein eigenes Geburtsdatum mit dem der Mutter addieren und hinter diese Summe noch das heimatliche Autokennzeichen hängen. Für diejenigen, die laut Text »das Geburtsdatum der Mutter nicht oder nicht genau wissen«, bietet man sogar eigens das fiktive Datum 01.01.50 an. Was drei Dinge bedeutet: Erstens glaubt das Bildungsministerium, dass seine angehenden Lehrer zu beknackt sind, um neun beliebige Zahlen und Buchstaben aneinanderzuhängen. Zweitens scheint der Glaube an ein Interesse der angehenden Lehrer an der eigenen Familie nicht besonders fest zu sein. Und drittens stellt man sich die Mütter der Jetzt-Abiturienten offenbar als eine erstaunliche Ansammlung von eklatant Spätgebärenden vor, wenn die fiktive Mutter doch immerhin schon 65 Jahre alt ist.

Ist diese anstrengende und rechenintensive Hürde dann genommen, kommen Fragen, die in ihrer Undurchschaubarkeit ein wenig an Selbsttests wie »Bist du schüchtern?« in der Bravo Girl erinnern. »Erklären Sie Kindern gerne Sachverhalte?«, »Bereiten Sie gerne Unterricht vor?«, »Korrigieren Sie gerne Texte?« Ich habe bei diesen drei Fragen mal spaßeshalber »ungern« angeklickt und ansonsten wahllos irgendetwas. Schlussendlich wurde mir gesagt, dass ich schon ein ganz toller

Lehrer werden könnte, auch wenn kleine Differenzen zwischen meinen Vorstellungen und den Anforderungen bestünden. Wenn's mit Kunstgeschichte nicht klappt, schwenk ich vielleicht um.

Das Ergebnis meines echten Germanistiktests kam bald, ich war angenommen. Aber das interessierte mich zu diesem Zeitpunkt schon nicht mehr, denn Heidelberg hatte mir gesagt, ich könne bei ihnen studieren, und das stellte ich mir inzwischen noch viel, viel oxfordesker vor. Immerhin sagte mir der Zeit-Studienführer, dass Heidelberg eine gute Uni sei, Elite sogar.

In dieser Zeit, als ich anfing zu studieren, waren alle ganz besessen von Eliteprädikaten und Exzellenzinitiativen. Einige Unis waren plötzlich Elite-Unis, andere nicht. Die Unis legten sich krumm dafür, die Elite-Medaille umgelegt zu bekommen, und man hatte das Gefühl, dass innerhalb von zwei Semestern eine deutsche Ivy League aus dem Boden gestampft werden sollte und das Ganze eigentlich nur peinlich enden kann. So war es dann auch: Die Forderungen der Elite-Jurys wurden immer seltsamer, die Exzellenzinitiativen immer undurchschaubarer, und die Uni Karlsruhe zum Beispiel war erst Elite und dann wieder nicht. Die Gelder durfte man weder für Renovierungen noch für die Ausstattung benutzen, was sich vielleicht im ersten Moment ganz sinnvoll anhört, damit sich nicht eine Uni ein goldenes Klo bauen lässt. In der Praxis wäre wahrscheinlich der Großteil der Studenten sehr dafür gewesen, hätte man vom Exzellenzgeld angebaut, anstatt immer wieder 200 Studenten in einen Raum für 100 zu quetschen. Mittlerweile ist nicht mehr so viel von Elite zu hören, vielleicht auch, weil der Begriff in den darauffolgenden Jahren so ausgelutscht wurde. Julia Friedrichs schrieb ihr Buch »Gestatten: Elite« und bewies damit vor allem, dass der Eindruck »reich, aber dumm« irgendwie nicht nur für Elite-Internatsschüler, sondern auch für die BWL-Absolventen der privaten Elite-Business-Schools gar nicht so aus der Luft gegriffen ist und es vielleicht nicht mal erstrebenswert ist dazuzugehören. Aber damals sprachen alle von Elite, und ich genoss es, respektvoll hochgezogene Augenbrauen zu sehen, wenn ich sagte, ich würde im Herbst in Heidelberg anfangen. Ich stellte mir das alles toll vor: wahnsinnig intellektuelle Kurse, Kaffeebecher über den Campus tragen und dabei mit einem hübschen Jungen aus altem schleswig-holsteinischem Adel über Heidegger reden. Es wurde dann doch alles etwas anders, nicht mal den Uni-Kapuzenpullover habe ich mir bisher gekauft, weil ich nicht gewillt bin, sechzig Euro für einen Pullover hinzulegen, auf dem das Logo, wie ich bei vielen Freunden sehen musste, nach dreimal Waschen auch irgendwie nur noch ein seltsamer Kreis mit was drin ist.

Nicht nur das mit dem Pulli wurde anders, als ich es mir in meiner Ersti-Träumerei vorstellte. Es ist ja so, dass sehr viele Menschen zum Schluss nicht dort landen, wo sie laut ihrem Abi-Zeitungs-Steckbrief hinwollten. Es ergeben sich die wildesten Umwege, auch in meinem Jahrgang. Simon begann mit Umweltingenieurwesen, wechselte dann zu Mathe und Chemie auf Lehramt und ist jetzt Polizist in Essen. Vanessa war nur die ersten zwei Semester von ihrem Personalmanagement-Elite-Studiengang überzeugt, bekam dann eine Lebenskrise, zog heim zu ihren Eltern und begann eine Ausbildung bei der heimatdörflichen Allianz, bevor sie zum Schluss im Schwäbischen glückliche Berufsschullehrerin wurde. Lisa aus meinem Kunst-LK brach nach genau drei Tagen ihr Romanistikstudium ab, von dem sie geträumt hatte, seit sie in der neunten Klasse die erste Französischvokabel gelernt hatte. Ach, ich finde, das ist alles keine Schande.

Speziell in den Geisteswissenschaften kann sowieso keiner davon ausgehen, dass er auch noch die Abschlusszeugnisverleihung mitbekommt. Es gibt keinen Bereich, in dem es mehr Studienabbrecher gibt – fast ein Drittel. Ich studiere zwar das, was ich schon im Steckbrief versprochen habe, aber trotzdem kenne ich mich auch ein bisschen aus mit Wechsel im Studium, davor schützte mich das penible Lesen des Studienführers am Ende nicht. Im zweiten Semester habe ich für ein halbes Jahr die Uni und im dritten mein Nebenfach gewechselt, das ich dann für den Master noch einmal eingetauscht habe. Mein Uni-Wechsel war geboren aus einem Gefühl, das vielleicht nicht nur mich beschleicht, wenn sich gerade ein richtig großer Lebensumschwung vollzogen hat:

Vorher war alles besser.

Es gibt nur zwei Arten von Menschen: die, die Veränderungen ganz, ganz toll finden. Das sind meistens auch die, die sehr gern alleine Backpacking durch Südamerika machen. Und dann gibt's die, die alles, was sich verändert, erst mal ganz schlimm finden. Später entdeckt man dann, dass doch nicht alles grauenhaft ist, aber die erste Zeit ist voller verheulter »Ich kann nicht glauben, dass ich jetzt so leben soll«-Anrufen bei Eltern und Freunden. Ich bin Letzteres.

Mein erstes Semester in Heidelberg war deswegen furchtbar anstrengend. Alles war groß und schüchterte mich ein, ich glaubte noch den Berichten der übermotivierten Kommilitonen, was sie alles in dramatischen Nachtschichten gelernt hätten, und war davon überzeugt, das dümmste Hühnchen an der Uni zu sein. Also dachte ich mir, dass anderswo sicher alles viel besser sei, und wechselte an eine Uni näher an meinem Heimatdorf, nämlich Karlsruhe, wo ich ja sowieso fast Germanistik studiert hätte. Karlsruhe hat eine gute Uni, keine Frage, aber es hat schon einen Grund, warum immer alle ganz erstaunt sind, wenn sie erfahren, dass man dort auch Kunstgeschichte studieren kann. Durch diesen Wechsel bin ich endgültig davon überzeugt, dass es nicht egal ist, wo man was studiert, und dass Unis, die in Naturwissenschaften top sind, eventuell eben in den Geisteswissenschaften sparen. So war es auch, das Institut war winzig, und jeder Einzelne der drei Dozenten kam von der Reformuni Osnabrück, was man auch merkte. An meinem ersten Morgen dort in Karlsruhe machten wir einen

Stuhlkreis und erzählten uns, was wir fühlen, wenn wir Bilder ansehen. Ich will die Zeit da nicht schlechtreden, aber jedenfalls saß ich drei Wochen später in der Studentenberatung in Heidelberg und bettelte darum, dass sie mich zurücknehmen. Das ging auch, aber das eine Semester musste ich eben in Karlsruhe zu Ende machen, und es war eine ziemlich lehrreiche Zeit, weil ich dort nichts mit mir anzufangen wusste, sowieso nur auf meine Rückkehr nach Heidelberg wartete und mich deswegen oft alleine im Karlsruher Schlossgarten herumdrückte, bis ich zu einer passablen Zeit wieder nach Hause kommen konnte. Als ich dann endlich nach Heidelberg zurückdurfte, erschien mir alles, was ich vorher so schrecklich gefunden hatte, sehr heimelig und einladend, und endlich krempelte ich die Ärmel hoch und schrieb mich in Veranstaltungen ein, in denen ich nicht nur einfach drinsitzen und mitschreiben konnte, sondern tatsächlich auch mal zwanzig Minuten was über den St. Gallener Klosterplan referieren musste.

Ich wechselte dann auch gleich noch mein Nebenfach von Germanistik (Mittelhochdeutsch hatte mir endgültig jeden Spaß daran ausgesogen) zu Religionswissenschaft. Religionswissenschaft war allerdings genauso unerfreulich, aber da hatte mich schon der Ehrgeiz gepackt, so dass ich das Ganze eben durchzog.

In Religionswissenschaft war das Hauptproblem zweigeteilt: Ich kam mit der Dozentin nicht klar und hatte vorher nicht gewusst, dass die Heidelberger Religionswissenschaft sich auf Zenbuddhismus spezialisiert hatte. Zweiteres ist der Grund, warum in meinem Bücherregal ein noch originalverschweißtes Exemplar von »Zen in der Kunst des Bogenschießens« steht. Wer Interesse daran hat, darf sich gerne melden.

Ersteres zieht sich seitdem wie ein roter Faden durch mein Studium: Ich mag weibliche Dozenten nicht. Das ist unglaublich daneben, dass ich das sage, und das weiß ich auch, zumal ich gerne feministische Reden führe, aber es ist trotzdem so. Es ist dieser Typ Frau, der es geschafft hat, sich durch die ganzen gläsernen Decken zu kämpfen, die dafür sorgen, dass immer noch nur 16 Prozent der deutschen Lehrstühle mit Frauen besetzt sind. Das gelingt wahrscheinlich nur mit viel Arroganz und Ellenbogen, und dann sitzen sie da, in der einen Hand den Starbucksbecher, in der anderen Hand das pinkglitzernde Smartphone, das auf ironische Weise zeigen soll, dass sie Mädchen und Professorin in einem sein können, ziehen spöttisch die Augenbrauen hoch und sagen: »Wie kommen Sie dazu, in der Hausarbeit Literatur zu verwenden, von der ich nichts halte?« Ungelogen so passiert. Es gibt sicher viele wahnsinnig tolle Dozentinnen, aber ich persönlich kenne keine. In der Byzantinischen Archäologie war eine ehemalige Dozentin so offen frauenfeindlich, dass sie nur männliche Teilnehmer zur Exkursion zuließ. Ich wäre dafür, dass die erbärmlichen 16 Prozent in Zukunft wenigstens mit netten Frauen besetzt werden und nicht mit solchen, bei denen sich selbst die Studentinnen wünschen, dass es über die 16 Prozent nie hinausgehen möge.

Damit habe ich meinen dritten Wechsel schon erwähnt: Im Master sägte ich Religionswissenschaft ab und wechselte zur Byzantinischen Archäologie und Kunstgeschichte, natürlich ein unfassbares Orchideenfach mit einer einzigen Vorlesung pro Semester und einem einzigen Dozenten. Es ist ja sowieso Wahnsinn, was man so alles studieren kann: Metallurgie, Friesische Philologie, Keltologie, Kristallographie. Plötzlich kommt man sich mit Kunstgeschichte richtig zukunftsträchtig vor. Ich suchte mir Byzantinische Archäologie jedenfalls nur deswegen aus, weil man dort mickrige vier Scheine machen muss, um es als Nebenfach studiert zu haben, und ich habe es nie bereut.

Das alles wusste ich noch nicht, in diesen Wochen nach dem Abi, in dem sich alle Gespräche nur um Uni-Bewerbungen drehten. Ich freute mich in diesem August auf den Herbst, und der Studienführer hatte ausgedient. Er steht bis heute bei meinen Eltern in meinem Kinderzimmer und ist beredtes Zeugnis von den paar Wochen in denen alles offen ist und alles möglich und man denkt, dass man jetzt nur einmal abbiegen muss und schon in einem ganz neuen Leben landet.

»Nehmen Sie sich gerne auch eine Willkommenstüte!«

Im Oktober war ich Ersti. Ersti ist die Verniedlichung von Erstsemester, und damit ist schon relativ viel gesagt. Erstis laufen jeden Oktober respektive jeden April orientierungslos durch die Stadt, lachen ein bisschen nervös und werden von denen, die länger da sind, nicht so ganz ernst genommen. Es gibt Ersti-Frühstück, Ersti-Woche, Ersti-Partys. Es gibt Willkommenstüten mit Kulis und Kondomen und – um unbedingt Jungen- und Mädchentüten zu haben – geschlechtsspezifischen Dingen wie Mascara und Axe-Duschgel-Tübchen. Was es nicht gibt, sind WG-Zimmer für Erstis. Keine Gruppe wird bei WG-Castings mehr gemobbt als Erstis. Bei diversen Zimmeranzeigen auf WG-gesucht und ähnlichem steht sowieso schon ausdrücklich »Keine Erstis«, andere schreiben das zwar nicht hin, laden aber Erstis gar nicht erst ein. Das ist ziemlich gemein, weil man ja mal selber ein Ersti war. Irgendwo müssen sie ja hin. Allerdings werden dieselben, die sich über diese Ungerechtigkeit im ersten Semester noch empören, im zweiten Semester schon zu Leuten, die »Keine Erstis« unter das Zimmerangebot schreiben. Die Erstis wachsen nach, die Ersti-Mobber aber auch. Man tritt ja immer irgendwie nach unten, und den Ersti beißen die Hunde. Ich war jedenfalls auch ein Ersti in diesem sehr sonnigen Oktober, nahm schüchtern meine Eltern nach Heidelberg zur Einschreibung mit und lief dann mit ihnen durch diese sehr schöne und noch etwas fremde Stadt und konnte noch gar nicht fassen, dass ich hier von nun an bleiben sollte.

Wenn die Leute hören, dass man Kunstgeschichte studiert hat, drängen sich ja – wie bei anderen Studiengängen auch – bestimmte Bilder auf. Medizin provoziert Assoziationen mit Wannsee-Villen, Jura welche mit Gelfrisur, Ethnologie mit relativ vielen Drogen und relativ bunt gebatikten Aladinhosen mit Schritt auf Kniehöhe. Ich möchte hier mal an dieser Stelle sagen, dass ich finde, Frauen, die so etwas tragen, sehen nicht aus wie Aladins anmutige Jasmin, sondern nur als hätten sie die Hosen voll. Im Fall von Kunstgeschichte ist die Assoziation vor allem die der höheren Tochter, die bis zur Heirat mit dem Rechtsanwalt noch was Schönes studieren wollte.

»Ziemlich schönes Thema« ist allerdings auch tatsächlich etwas, was man über beinahe jede Kunstgeschichtsveranstaltung sagen kann, eigentlich ist ja alles immer furchtbar ästhetisch. Um Buchmalerei mache ich einen Bogen und um Skulptur nach Möglichkeit und – da bin ich ein Exot – um zeitgenössische Kunst. Ich kann verstreuten Lichtröhren im Raum nicht so viel abgewinnen. Ich war mal sehr überfordert von der Konzeptkunst-

Ausstellung, zu der mich mein Freund Tom schleppte. Das Werk trug den Titel »Miss Piggy und die sieben Zwerge« und bestand aus acht Ficus Benjamini, von denen sieben nach Männerparfüm und einer nach Rosen duftete. Einer der seltsamsten Auswüchse der zeitgenössischen Kunst hängt meiner Meinung nach im Karlsruher ZKM: ein weißer, unbenutzter, nur aus der Verpackung genommener Keilrahmen, wie ihn jeder Hausfrauen-Kreativkurs benutzt. Das war's. Das Kunstwerk heißt »The Garden«.

Das ist eines der Dinge, bei denen ich wünschte, mir wäre das eingefallen. Dasselbe gilt für Harry Potter, WhatsApp und Leggins. Ohne Ersteren gäbe es die schöne Geschichte nicht, dass mein Freund Felix an seinem elften Geburtstag heftig weinte, weil keine Eule für ihn ankam. Ohne Letztere wäre das Kunstgeschichtliche Institut quasi unbekleidet – all die Ballerinakörper wollen ihre Gazellenbeine ja vorzeigen können, zusammen mit dem Bloggerdutt und einem Shabby-Strickpullover in creme von Urban Outfitters. Mein Institut ist das bestangezogene in Heidelberg, darüber gibt es, glaube ich, keine ernsthafte Diskussion. Das macht keiner lange mit, ohne sich zu beugen. Nach dem ersten Semester hat sich auch mein Kleiderschrank deutlich verbessert. Kurz bevor ich anfing zu studieren, habe ich in einem Forum der Heidelberger Kunstgeschichtler den aufgebrachten Beitrag einer Kommilitonin gelesen, in diesem Institut dächten wohl einige immer noch, man könne Kunstgeschichte mit einer Handtasche studieren. Es sei laut gesagt: Man kann. Und auch die meisten anderen Geisteswissenschaften, soweit ich weiß. Das hat nichts damit zu tun, dass man dort faul ist, aber mehr als einen Block zum Mitschreiben braucht man wirklich nicht, ein Laptop ist schon übertrieben. Außer wenn man ein Referat hält, aber die drei Blätter Referats-Stichworte und der USB-Stick machen auch keinen Rucksack nötig. Den haben meiner Erfahrung nach vor allem: Theologen, Germanisten und ehrenhalber jeder Naturwissenschaftler. Wir Kunsthistorikerinnen tragen die pseudo Birkin Bag locker am Handgelenk. Man muss ja das Klischee auch leben. Generell finde ich, dass man fast eine Unimaterialientransportstück-Typologie aufstellen könnte: Ein schwarzer Aktenkoffer mit Zahlenschloss enthält beispielsweise fast immer Übungsfälle aus der Jura-AG. Sobald noch eine kleine, kalbslederne und buchformatige Umhängetasche in gedeckten Farben dazukommt, kann man sich endgültig sicher sein: Das BGB fährt hier mit. Gilt aber nur für männliche Jurastudenten, weil unter weiblichen irgendwie seit Jahren der Zwang zur Longchamp-Tasche in dunkelblau, beige oder (jung und crazy) pink ungebrochen scheint. Jutebeutel mit Aufdrucken wie »Karl Who?«, »The whitest Beutel alive« und Variationen von »Calm down and ...« werden meistens von Hipster-Germanisten/Anglisten/Romanisten getragen, die auch die H&M-Fensterglasbrille in Horn-Optik als Allererstes besessen haben. Ja, und dann gibt's halt noch die (immer männlich) mit dem abgeschrammelten 4You-Rucksack, der dem Träger schon seit der fünften Klasse ein treuer Freund ist. Mit Schnallen, die bei jedem Schritt durch das Physikinstitut (Geisteswissenschaftliches Pendant: Ur- und Frühgeschichte) leise klappern. Da weiß man eigentlich gar nicht mehr so richtig, was man dazu sagen soll.

Ein klassischer Moment meines Studiums: noch zehn Minuten bis zur Pause, die Anwesenheitsliste ist noch vier Reihen vor mir und gerade bei einer Oma in rosa Ralph-Lauren-Bluse und gelegten Locken hängengeblieben. Manchmal habe ich das Gefühl, ein großer Teil meines Studiums besteht aus dem Gieren auf die Anwesenheitsliste und dem Ärger, wenn sie mal wieder einer falsch weitergibt oder – am allerschlimmsten – wenn Seniorenstudenten, die ja nicht mal draufstehen, sie komplett und gemächlich durchlesen. Die Anwesenheitsliste ist Teil des Bologna-Prozesses. Der Jahrgang vor mir, der letzte Magister-/Diplom-Jahrgang, konnte noch daheimbleiben, wann er wollte. Wir Bachelor, die ersten, mussten uns mit einem Schlag in Listen eintragen und durften nur zweimal pro Veranstaltung und Semester fehlen, sonst bekommt man nämlich keinen Schein. Natürlich trägt man sich gegenseitig ein, und natürlich trägt man sich auch heimlich nach, wenn das geht und man den Hiwi kennt, der die Liste betreut. Ich habe mich, weil ich das ja nicht mehr mitbekommen habe, immer gefragt, wie Seminare vor der Anwesenheitsliste aussahen, und ob da der Referent der Stunde alleine mit dem Dozenten dasaß, weil jeder nur an seinem eigenen Referatstermin kam. Ich habe nichts gegen den Bachelor. Erstens, weil ich es nicht anders kenne, aber zweitens auch deswegen, weil ich sonst sicher kaum was auf die Reihe bekommen hätte, ohne Abgabetermine und überwachtem Vorlesungenabsitzen.

Ich bin trotzdem mitmarschiert und habe Sitzblockaden auf der Heidelberger B37 während des Berufsverkehrs gemacht und »Wir sind hier, wir sind laut, weil man uns die Bildung klaut« skandiert, allerdings ohne richtige Überzeugung. Man hätte aber unmotiviert und desinteressiert gewirkt, wenn man sich da nicht hätte blicken lassen, und das wollte ich nicht, obwohl ich unmotiviert und desinteressiert war. Der Herbst 2007 und der Sommer 2008 war in Heidelberg voller Demos gegen die Uni-Reform, voller Kundgebungen und Nachttanzdemos, die leicht linksalternative Spaßvariante der Sitzblockade. Und immer noch kleben auf dem Mensaklo hier und da die schwarzgelben Bildungsstreik-Aufkleber, obwohl die erste Runde der Betroffenen, also auch ich, inzwischen ganz gut damit lebt.

Mein Studium begann, wie bei fast allen, mit einer Einführungswoche. Meistens beinhalten diese Einführungswochen vor allem Informationsvorträge der Fachschaft, einen Rundgang durch das Institut und Kneipentouren, um sich etwas angeschickert lockerer kennenlernen zu können. Bei mir war das ein wenig anders, was an meinen Fächern lag. Germanistik startet mit einer

Vorab-Germanistik-Woche, in der die Erstis alle auf einen einigermaßen gleichen und vor allem passablen Wissensstand gebracht werden sollen. Jeder bekommt einen sehr schweren und gutgefüllten Leitz Ordner mit Grammatikregeln, und eine sehr nette, wenn auch sehr nach Germanistik aussehende Examensstudentin unterrichtete uns eine ganze Woche lang in Metrik und Literaturepochen. Die Ersti-Woche in Kunstgeschichte war mehr ein Ersti-Vormittag, an dem sich kurz einige Dozenten vorstellten, und das war's dann. Ich ging mit meiner zufälligen Nebensitzerin Kristin dann auf eigene Faust auf Entdeckungstour und zum Uni-Bib-Ausweis-Beantragen, und unsere Zufallsfreundschaft hielt die ganzen vierzehn Semester.

Ich liebe die Uni-Bibliothek seit diesem ersten Vormittag. In Heidelberg ist das ein sehr imposantes Gebäude, vier Flügel, Jugendstil, riesige Skulpturen überall. Kronleuchter. Mosaikboden und in schummriges Licht getauchte Gänge. Als ich das erste Mal dort war, hat mich die schiere Masse der klugen Bücher, die dort stehen und darauf warten, gelesen zu werden, fast umgehauen. Das geht mir heute noch so und erinnert mich an diese eine Folge Two and a Half Men, in der Alan im Buchladen einen Nervenzusammenbruch bekommt bei der Vorstellung, dass er es in seinem Leben nicht schaffen kann, alle Bücher zu lesen. Mir geht das sowohl mit Büchern als auch mit Filmen so, deswegen habe ich eine »Books and films to read and see before I die«-Liste, die ich brav abhake, bei der ich allerdings noch nicht besonders weit gediehen bin. In der Uni habe ich das Alan-Gefühl immer so ein bisschen, es hat sich seit dem Ersti-Tag nicht verflüchtigt: Ich werde nie alles über mein Fach wissen, es gibt einfach kein Ende. Irgendwas lauert immer im Vorlesungsverzeichnis, von dem man noch nie gehört hat, und irgendeiner hat immer eine Frage, die einen hektisch herumrutschen und sich räuspern lässt, weil man keine Ahnung hat, sie aber haben sollte. Das Vorlesungsverzeichnis war mir davon abgesehen aber immer eine besondere Freude. Ich warte jedes Semester sehr ungeduldig auf die Veröffentlichung des neuen Verzeichnisses und stelle dann mit Leidenschaft meinen Stundenplan zusammen. Natürlich gehe ich zum Schluss nur in die Hälfte von dem, was ich mir vorgenommen habe, aber trotzdem macht mir die erste Semesterwoche immer Spaß.

Ich war in einigen relativ schrägen Seminaren an der Uni. Das ist das Schöne dort: Es gibt immer irgendeinen, der noch zum kleinsten und abseitigsten Thema eine Vorlesung macht. Ich war beispielsweise in der Vorlesung »Die Geschichte der Nacht«, in der ich einiges zur Entstehung des Sandmannes und die nicht unbedingt erwünschte Information, der alternde Dozent schlafe immer nackt, erfuhr. Ein Semester lang kicherten meine Mensa-Begleitungen, wenn ich nach dem Mittagessen sagte, ich müsse in »Porzellan«. Wir lernten dort viel über erotische Porzellanfiguren aus dem Rokoko und drehten dauernd sehr wertvolle Teller um, um auf dem Boden die

Meißner Schwerter zu analysieren, weil diese je nach Biegung mal ein Jahrzehnt älter oder jünger sind. Den Vogel schoss aber sicherlich das Seminar »Religionsmusikologie« ab. Falls keiner dieses Wort bisher gehört hat, ist das nicht schlimm, denn die Dozentin hat den Begriff selbst erfunden, wie sie immer wieder stolz betonte. Es ging um, na ja, Religion und Musik halt.

Zwischen all den seltsamen Seminaren in der Uni tauchen leider die Veranstaltungen, die wirklich wichtig wären, um mit der Uni klarzukommen, nie auf. Die sollten mal mich fragen. Meine Vorschläge wären:

- »Flyer, nein danke« – Mensaeingänge meistern
- Sichere Campuscard-Aufbewahrung für Fortgeschrittene
- Ringvorlesung »Bier auf Wein, das lass' sein. Strategisches Trinkverhalten für Einsteiger«
- »WG-Gesucht-Anzeigen schreiben, ohne wie eine überkorrekte Ziege zu wirken« – Eine Schreibwerkstatt speziell für Frauen
- »Hilfe, mein Laptop fährt peinlich laut hoch und lüftet nur in stillen Räumen« – Betroffene berichten
- Exkursion »Scheine pünktlich abholen und tatsächlich abheften«
- »Öffnungszeiten Studentenbüro« – Übersichtstabellen und Erklärungsversuche
- Versteigerung vergessener USB-Sticks – Eine Veranstaltung in Kooperation mit den örtlichen Copyshops

- Tutorium »Klapptische in Hörsälen leise nach unten klappen«
- »Was geschieht eigentlich freitags an der Uni?« – Extracurriculare Führung mit Fragemöglichkeit
- »Tweed und Tolle – das muss nicht sein« – Klischee-freie Stilberatung für Dozenten
- Uni-Sport-Kurs »Reader statt Hanteln«
- Ersti-Frühstück ohne peinliche Stille und angespann-ten Smalltalk – Beratungsangebot für Fachschaften
- »Wo hab ich nur mein Fahrrad abgestellt?« – Fahrrad-Demenz frühzeitig bekämpfen
- Bündnis zur Abschaffung der Stadtrallye bei Ersti-Wochen
- Laborwoche »Weitergabewege der Anwesenheitsliste nach Wahrscheinlichkeit berechnen«
- Blockseminar »Problembewusstsein für die Kollision von Klausurenwoche und Semesterend-Partys schaffen«
- »Vielen Dank für die Aufmerksamkeit :)«-Folien beim Referat – Peinlich oder cool? – Vortrag mit anschließender Podiumsdiskussion
- Einführungsveranstaltung »Handouts unter drei Seiten und mit leserlicher Schriftgröße«

In meinem ersten Semester musste ich natürlich noch einige Pflicht-Ersti-Sachen absolvieren, wie zum Beispiel das obligatorische Tutorium »Wissenschaftliches Arbei-ten«, das wahrscheinlich 100 Prozent der Geisteswissenschaftsstudenten an deutschen Unis mal irgendwann im Stundenplan stehen hat. Dort lernt man, wie man richtig Hausarbeiten schreibt und zitiert und Literaturlisten erstellt. Und natürlich gibt es im Rahmen dieses Tutoriums eine Ersti-Tour durch die Uni-Bib. Diese wird beinahe immer von einer Frau in langem cremefarbenem Kaschmirpullover und einer Brille mit Goldrand durchgeführt und wird – um sich die Bibliotheksnutzung »spielerisch zu erarbeiten« – in einer Art Rallye veranstaltet. Anfang jedes Semesters quetschen sich deswegen desorientiert wirkende Grüppchen konfus durch die Bücherreihen, alle mit Stabilo und Papier in der Hand, und fragen vorbeieilende Studenten, die aussehen, als wären sie schon mindestens im zweiten Semester, Dinge wie »Weißt du vielleicht, welches Buch hier am ältesten ist?«.

Neulich schrieb Vice einen Artikel darüber, warum man unbedingt sein Studium abbrechen sollte. Vice ist neben dem Postillon eines der wichtigsten ironischen Sprachrohre meiner Generation, allerdings im Gegensatz zu dem tatsächlich meistens lustigen Postillon so etwas wie die Grumpy Cat unter den sogenannten Lifestyle-Magazinen. Der Unterton ist immer leicht gereizt, und es geht immer darum, dass alle außer einem selber prüde Lemminge sind, die das Leben verpassen. Man hört es vielleicht heraus, ich bin kein uneingeschränkter Fan. Trotzdem lese ich es ab und zu, entweder weil mir langweilig ist oder weil ich selber mal wieder in einer Phase bin, in der ich alle außer mir für prüde Lemminge halte. Hat man ja manchmal, diese Vice-Stimmung, die immer ein bisschen nach Gruppensex, verbittertem Zynismus und verbotenen Absinth-Partys schmeckt. Und ich habe jetzt extra Absinth geschrieben und nicht Meth oder was auch immer die coolen Kids momentan so nehmen, weil ich mich bei vielen Vice-Artikeln frage, ob nur ich den Moment verpasst hab, seit dem man es noch mit über sechzehn cool und erstrebenswert findet, vier bis sechs Dealer mit Vornamen zu kennen.

Was ich eigentlich erzählen wollte: Letztens schrieb Vice einen wahren Satz. »Während deiner Zeit an der Uni wirst du lernen, dass alles schon gesagt wurde.« Das ist wahr. Es ist unfassbar schwierig, eine Hausarbeit zu schreiben, in der man mal was sagt, wozu man nicht bei der ersten lustlosen Suche auf der hiesigen Uni-Bib-Rechercheseite zehn Treffer findet. Und darum sind Hausarbeiten meistens einfach etwas anders zusammengestückelte Zusammenfassungen der gefundenen Literatur nach, sagen wir mal, 2001. Ältere Bücher darf man eigentlich nämlich nicht anfassen, nur neu ist richtig, und alt ist falsch. Das ist eine wichtige Lektion, die ich spätestens dann gelernt habe, als meine hier schon mehrfach erwähnte Religionswissenschaftsdozentin sich weigerte, meine Hausarbeit anzunehmen, weil ich zwei Bücher von 1998 verwendet hatte. Demnach sind immerhin zwei ganze Flügel der Heidelberger Uni-Bib eigentlich sinnlose Platzverschwendung, nämlich die mit den Signaturen '93 bis '99. Es ist jedenfalls frustrierend, einfach immer wieder etwas neu zu – Achtung, wichtigste Uni-vokabel – paraphrasieren. Also etwas umschreiben, so dass drei Wörter darin anders sind, der Sinn aber derselbe, und man dann eine Fußnote druntersetzt mit der Quellenangabe. Manchmal hab ich auch nur einen Satz umgestellt. Manchmal habe ich sogar nur ein Wort weggelassen und mit (…) gekennzeichnet. Schon war die Passage anders als im abgeschriebenen Buch, und ich konnte es ohne schlechtes Gewissen übernehmen. Meinen größten Coup landete ich im dritten Semester in einer Hausarbeit über Pieter Breughel den Älteren, als ich den Satz »Die Studie stützt die These nicht« in »Die Studie stützt die These (…).« umwandelte, damit ich ihn als Beweis besagter These benutzen konnte. Ein (…) ist ein mächtiges Ding, dem, der es skrupellos einsetzt.

Das Zitieren ist in der Uni eine sehr wichtige Angelegenheit. Das Problem ist allerdings, dass nicht nur jede Uni oder jedes Institut einer Uni, sondern auch noch jeder Dozent einer Uni ein eigenes Zitiersystem hat und dieses für das einzig richtige hält. Das führt dazu, dass man irgendwann vergisst, wer welchen Punkt und welches Komma wo wollte, und sein eigenes Zitiersystem erfindet, dem man dann bis zur Masterarbeit treu bleibt, und dann am Ende immer noch nicht weiß, wie man eigentlich Zeitschriften zitiert, und darum Zeitschriften im Literaturverzeichnis ganz zwanglos als Monographien aufführt, weil man von denen wenigstens weiß, wie man sie angeben sollte. Zumindest mache ich das so seit vierzehn Semestern mit Erfolg immer mal wieder. Natürlich wird das jetzt für jeden, der nicht selbst studiert, die Empfindung stützen, dass jeder an der Uni ein kleiner Guttenberg ist. Das ist der eigentliche Grund, warum ich Guttenberg dafür hasse, dass er zu faul war, seine Doktorarbeit selbst zu schreiben: dass der häufigste Satz auf mein »Ich promovier' gerade« von jedem zweiten Menschen immer, immer, IMMER eine Variante von »Aber mach es nicht wie Guttenberg, höhöhö« ist. Dieser Satz hat in meinem Leben meinen ursprünglichen Lieblingssatz »Und was macht man dann damit?« inzwischen abgelöst, und das will was heißen. Nein, ich mach es nicht wie Guttenberg. Aber wenn ich wollte, könnte ich es, das ist meine bisherige Erfahrung. Keiner setzt sich hin und kontrolliert über vierhundert Fußnoten auf ihre Richtigkeit, keiner schlägt nach, ob ich beim x-ten Mal »Wiswe, Hans: Kulturgeschichte der Kochkunst, München 1970, S. 75« wirklich die Seite 75 meine oder ich die Seitenzahl nicht viel eher erfunden habe, weil ich zwar noch weiß, das in diesem Buch etwa da gelesen zu haben, aber zu faul bin, wegen einer kleinen Seitenzahl zwanzig Minuten in die Uni-Bib zu fahren und das Buch dort nach der Stelle durchzuwühlen. Ja, manche Seitenzahlen in meiner Uni-Laufbahn waren nah an der Wahrheit entlang erfunden, vielleicht war's Seite 74, aber krummere Dinger habe ich nie gedreht.

Wobei ich inzwischen glaube, dass man wirklich viel machen muss, um mal erwischt zu werden, in einer Welt, in der Hiwis die Hausarbeiten korrigieren müssen und Bachelorarbeitsbetreuer routinemäßig nur die Einleitung und das Fazit lesen. Allerdings nicht alle. Ein Freund von mir schrieb in die Mitte seiner Bachelorarbeit den Satz »Wenn Sie bis hierhin wirklich gelesen haben, bekommen Sie einen Kasten Bier« und bezahlte tatsächlich mit einem Kasten dafür. Seit Guttenberg kamen ja auch die Plagiatsprogramme in Mode, die die Unis für gutes Geld einkauften, um dann zu erkennen, dass diese Programme entweder alles oder gar nichts als Plagiat erkennen und darum vollkommen nutzlos sind. Sie werden trotzdem verwendet, wie Videokameraattrappen oder der »Bitte drücken«-Knopf bei Großsstadtampeln, der gar nicht angeschlossen ist (mal bei Zeit »Stimmt's?« gelesen und seitdem ampelmäßig komplett desillusioniert).

Die Uhrzeiten von Seminaren sind beim Stundenplan machen auch so eine Sache. Jeder will am liebsten keine vor elf und keine nach sechzehn Uhr, keine am Freitag, und wenn's ginge, dann auch noch keine am Montag. Den Dozenten geht es genauso. An unserem Institut gibt es beispielsweise manchmal freitags gar keine Veranstaltungen. Also ballt sich eigentlich alles auf Dienstag bis Donnerstag, und deswegen überschneiden sich auch alle Veranstaltungen, die einen interessieren würden – oder noch schlimmer: die man braucht. Damit kam ich vor allem in meinem ersten Semester nicht klar. Ich weinte bestimmt zehn Minuten vor Unverständnis und Verzweiflung, weil sich die beiden Pflichtveranstaltungen »Literaturwissenschaft« und »Einführung in die Architektur« zeitlich überschnitten. Das System »Dann mach ich das halt nächstes Semester« sickerte als Möglichkeit bei mir erst langsam durch. An das erste Semester kann ich mich aber sowieso nicht mehr besonders gut erinnern. Woran ich mich erinnern kann, ist allerdings, dass ich in eine Vorlesung über das Nibelungenlied ging. Das Nibelungenlied wird ja, das habe ich dort gelernt, von vielen falsch ausgesprochen. Alle sagen Niiiiiiieebelungenlied, aber eigentlich ist das i ganz kurz. Mehr so: Nibbelungenlied. Es ist kein Wunder, dass ich das noch so genau weiß, denn das sagte der Dozent, Professor Görtz, jede einzelne Stunde. Er sagte vieles jede Stunde, zum Beispiel auch, dass man aus der Erwähnung von Schmalzkringeln im Nibbelungenlied eine genaue Datierung herleiten könne. Wir spielten ab der vierten Sitzung Bullshitbingo, und es funktionierte, wie es in den dreizehn Semestern danach nie mehr funktionierte. Unser Spott endete dann allerdings am Ende des Semesters vor Herrn Görtz' Büro, als wir auf unbequemen Wartezimmerstühlen in dem langen weißen Flur darauf warteten, zur mündlichen Vorlesungsprüfung hineingerufen zu werden. Ich glaube nicht, dass ich danach an der Uni noch einmal aufgeregter war. Es war die erste mündliche Prüfung meines Lebens, wenn man mal von der ziemlich lächerlichen Präsentationsprüfung beim Abi absieht, und ich starb fast vor Angst. Es war außerdem eine Gruppenprüfung, das ist ja sowieso immer ein bisschen schwierig. Gruppenprüfung bedeutet, dass man zu viert oder fünft gleichzeitig mündlich geprüft wird. Das klingt erst besser, als alleine dazusitzen und Fragen zu beantworten, und immer, wenn man nichts weiß, wird es ganz still, und der Stift des Protokollanten schwebt wartend über dem Papier, und das macht einem dann noch klarer, dass man jetzt dringend etwas sagen müsste. Aber Gruppenprüfungen beinhalten die Gefahr, dass einer vorprescht und auf eine leichte Frage antwortet, und weil er dann ja schon so schön mitgearbeitet hat, ist er aus dem Schneider, und die anderen kriegen die schweren Fragen. Das ist mir in dieser Nibelungen-prüfung passiert – allerdings das erste und letzte Mal. Seitdem war ich immer die, die die erste Frage freiwillig und sofort beantwortet hat, selbst wenn ich mir mit der Antwort nicht einmal sicher war. In der Nibelungen-prüfung tat ich mich zwar nicht durch Vorpreschen hervor, allerdings fiel mir ein Querverweis zur Kunstge-schichte ein, und Uni-Dozenten lieben Querverweise. Es wurde eine Zwei, und ich hatte das Gefühl, ich hätte die Feuerprobe bestanden.

»Bitte tragen Sie sich frühzeitig für einen Referatstermin ein«

Die Uni kocht auch nur mit Wasser, das ist etwas, was ich lange nicht begriffen habe. Am Anfang hatte ich Angst vor allem: Hausarbeiten, Klausuren, mündliche Prüfungen, Referate. Vor allem Referate. Es kam mir unglaublich vor, dass ich, die gerade vorhin noch im Provinzgymnasium kichernd den Wikipedia-Artikel zu »Kabale und Liebe« als Referat verkauft hatte, jetzt an einer riesigen Universität fremden Leuten Vorträge halten sollte. Das ist relativ normal, wie ich schnell herausfand, weil ich natürlich meine Ängste googelte. Das sollte man nicht machen, denn Schreckensgeschichten von gemeinen Dozenten, fiesen Kommilitonen und bloßstellenden Referatssituationen, die im Rat gipfeln, auf jeden Fall das Studium abzubrechen, »weil man sich das nicht antun muss«, finden sich da an jeder Ecke. Das ist wie seine Krankheitssymptome googeln. Am Ende hat man immer Krebs. Jedenfalls googelte ich und stieß auf viele Gleichgesinnte. Es gab welche, die beim Therapeuten waren oder in Selbsthilfegruppen, andere hatten tatsächlich abgebrochen. Manche ließen sich vor jedem Referatstermin krankschreiben. Wieder andere kotzten sich in der Woche vor der Klausur jede Nacht die Seele aus dem Leib. In der Uni Heidelberg hängen überall Plakate mit dem Nacht-Sorgentelefon. Ich hatte sogar schon den Hörer in der Hand.

Mit mir zusammen hatten dreizehn meiner ehemaligen Mitschüler in Heidelberg angefangen, ich war also von Anfang an nicht einmal alleine. In den ersten Wochen trafen wir uns jeden Mittag in der Mensa und besetzten einen großen Tisch, weil jeder froh war, sich zu jemandem setzen zu können, ohne sich vorzustellen und zu sagen, wo man denn so ungefähr herkommt. Keiner der dreizehn anderen schien mir ein so verängstigtes Kaninchen zu sein wie ich, und ich wollte nicht zugeben, dass ich eines war.

Die Uni kam mir vor wie ein riesiges Monster mit wahnsinnig hohen Ansprüchen und unglaublich intelligenten Studenten – außer mir. Mein erstes Referat war eine Katastrophe, der Beamer ging nicht, ich hatte Schweißflecken auf meinem grünen Shirt, die immer größer wurden, je mehr ich an sie dachte, und ich hab »Kew Gardens« eine halbe Stunde lang wie »Kiew Gardens« ausgesprochen, worauf mich eine ziemlich herablassende ältere Studentin in der ersten Reihe erst ganz am Ende hinwies. Nach der Sitzung rannte ich völlig am Ende meinem Dozenten hinterher, als er aus dem Raum eilte, und fragte ihn nervös, wie er denn mein Referat gefunden habe. Er schaute etwas genervt auf mich herunter und meinte dann: »Ich sag mal: na ja.« Mir ist das heute noch peinlich.

Den besonderen Horror vor mündlichen Prüfungen legte ich nie so richtig ab. Das ging so weit, dass ich versuchte, den Fachstudienberater davon zu überzeugen, extra für mich die mündliche Prüfung für einen Vorlesungsschein bitte, bitte in eine Klausur umzuwandeln. Zum Schluss war er sauer, und ich musste trotzdem meine mündliche Prüfung machen. Bis heute bin ich kein Held darin. Bei meiner mündlichen Bachelorprüfung habe ich vor lauter Nervosität den Petersdom nicht erkannt. Aber nachdem ich festgestellt habe, dass man bei mündlichen Prüfungen extrem viel durch Auftreten und extrem wenig durch Wissen rausreißen kann, werde ich langsam Fan davon. Besonders augenöffnend war eine mündliche Prüfung zur Vorlesung über Karl den Großen. Die Prüferin saß mit mir in ihrem Büro, der Protokollant daneben, und die Prüfung war schon fast vorbei. Dann kam die letzte Frage: »Welche Krankheit hatte Karl der Große?« Ich starrte sie an, keine Ahnung. Der Protokollant, da bin ich mir sicher, war kurz davor, seinen Stift demonstrativ zu spitzen. Ich musste etwas sagen, irgendwas. In einer Klausur hätte ich jetzt einfach das Feld freigelassen, aber das ging ja hier nicht. Ich beschloss zu raten. Irgendwas. »Gicht«, sagte ich mit fester Stimme und schaute knallhart. »Natürlich, die Gicht«, rief die Prüferin erfreut. Alle nickten glücklich, ich hatte eine Eins.

Langsam wurde es jedenfalls besser mit mir und der Uni. Ich fing an, das abgedunkelte Zimmer, die gro-ßen Beamerflächen und das kleine Rednerpult mit Lese-lampe ganz schön zu finden. Geholfen hat aber vor allem, dass ich einen Haufen schlechter Referate gehört habe. Wikipedia-Referate, Nachtschicht-Referate, Gruppen-referate, bei denen drei von vier stotternd vortrugen, was ihnen der vierte, der als Einziger was vorbereitet hatte, vor dem Seminar missmutig in die Hand gedrückt hatte. Referenten, die wesentlich aufgeregter waren als ich und für die Schweißflecken das kleinste Problem waren, Stotterer, zitternde Blätter, rote Flecken, nervöses La-chen. Powerpoint-Präsentationen, die plötzlich nicht lie-fen, mit verzogenen Bildern, unscharfen Bildern, Bildern, die plötzlich riesig aufgingen oder seitlich mit peinlichen Effekten reinflogen. Ich kenne einen, dem sein ganzes Referat über Kirchenarchitektur lang nicht auffiel, dass Saint Etienne und St. Stefan dasselbe nur in verschiede-nen Sprachen ist und es deswegen kein »beeindruckender Zufall« ist, dass beide Kirchen genau gleich aussehen. Außerdem wurde mir irgendwann klar, dass auch die Do-zenten nicht immer wahnsinnig wachsam den Referenten anstarren und jedes Wort auf Richtigkeit überprüfen. Einmal schlief der Geschichtsdozent die ersten zwei Drittel des Referates tief und fest mit verschränkten Armen und gesenktem Kopf, um dann kurz vor Ende aufzuwachen und dem völlig verdatterten Referenten zu-zurufen: »Aber wissen Sie auch, welche Schweinesorte im Mittelalter besonders wichtig war? Nein? Der gefleckte Sauerländer!« Dann fiel ihm wieder der Kopf nach vorne. Kein Scheiß.

Der Durchbruch kam mit einem Blockseminar über Tilman Riemenschneider. Blockseminar bedeutet, dass man statt jede Woche zwei Stunden einen einzigen Samstag, aber dafür den ganzen Tag, Referate hört. Dieser Samstag war der Tag nach dem Medizinerfasching, das ist die größte Faschingsparty in Heidelberg. Ich hatte überhaupt nicht geschlafen und nur sehr notdürftig geduscht und saß immer noch angetrunken um acht im Seminarraum. Ich hatte das zweite Referat des Tages. Die vor mir hatte schon angefangen, und ihr Vortrag klang wahnsinnig fundiert und gut vorbereitet. Meine Anspannung stieg mit jedem abgearbeiteten Gliederungspunkt: Ich wusste, gleich komme ich dran, und mein Referat war nur halb so gut wie ihres. Sie war fertig, klopf-klopf-klopf, und dann holte der Dozent aus. Ich hab danach nie mehr erlebt, dass ein Referat so zerrissen wurde. Völlig nervös ging ich nach vorne, ich war mir sicher, dass er ausrasten würde, wenn ich mit deutlichem Restalkohol meinen oberflächlichen Text erzähle. Da vorne war es furchtbar: Ich hielt mich am Pult fest, hörte mir selber nicht zu und hatte vor allem Probleme, konzentriert auf einen Punkt zu schauen. Dazu kam, dass ich einen furchtbaren Durst hatte und nur an die Wasserflasche in meiner Tasche am Platz denken konnte. Was soll ich sagen: Nie wieder davor oder danach war ein Dozent so begeistert von irgendetwas, das ich gemacht hab. Seitdem haben Referate endgültig für mich ihren Schrecken verloren. Und das Anspruch-Monster Uni ist auch ziemlich geschrumpft.

Eigentlich ist es nur wie früher in den Kinder-Krimi-Büchern vom Tiger Team: Man muss die gängigen Codes kennen und entschlüsseln können. Es gibt eben so ein paar Sätze, die man nicht glauben sollte. Die häufigsten Uni-Lügen, die man zu Recht überhören kann, sind meiner Meinung nach:

- »Ja, doch, dein Referat war echt toll.« (Nebensitzer, nachdem man mit dem Referat fertig ist)
- »Ich habe die ganze Nacht für die Klausur gelernt.« (Jeder)
- »Klar hab ich viel für unser Gruppenreferat gemacht!«
- »Ich kann nicht in die Bankreihe reinrutschen – ich muss früher gehen.«
- »Natürlich habe ich daran gedacht, dich in die Anwesenheitsliste einzutragen.«
- »Meine Sprechstunde beginnt pünktlich genau um 16:00 Uhr.« (Jeder Dozent)
- »In unserem Uni-Shop kann man den Uni-Pullover zu studentenfreundlichen Preisen erwerben.« (der Uni-Shop)
- »Wir helfen uns auf jeden Fall gegenseitig.« (Kommilitonen vor der mündlichen Gruppenprüfung)
- »Das Handout reiche ich nach.« (Student kurz vor dem Referat)

- »Der Reader ist dieses Semester ganz dünn.« (Jeder Dozent)
- »Darf ich vor dir rein, ich brauch nur ganz kurz.« (Kommilitone vor dem Sprechstundenzimmer)
- »Das frag ich aber nicht ab.« (Jeder Dozent, immer)

Die Wahrheit ist, dass man sich an der Uni ziemlich gut durchmogeln kann, zumindest in den Geisteswissenschaften. Daraus sollte man nicht ableiten, dass Geisteswissenschaften Firlefanz sind. Nur dass das Uni-System mit Referaten und Hausarbeiten anstatt Klausuren einem hier ziemlich viel verzeiht, wenn man dreist genug ist, und dass traditionell kaum eine Note schlechter als Drei vergeben wird. Das ist ärgerlich für die Leute, die eigentlich schlauer sind als die meisten, weil eine bessere Note als Eins gibt es eben nicht. Und gut für alle anderen. Vor einiger Zeit hat auf Spiegel Online eine Studentin, die Chemie und Philosophie studiert, erklärt, dass Chemiestudenten um jede Note kämpfen und in jeder Sekunde lernen, während in der Philosophie alle nur an der Neckarwiese liegen und zum Schluss mit einer 1,3 durchgewunken werden. Das stimmt so nicht. Also: Das mit der 1,3 kann sein. In den MINT-Fächern, um einen streberhaften Ausdruck zu benutzen, der sich außerhalb des Bildungsministeriums wahrscheinlich nie durchsetzen wird, also in den Natur- und Ingenieurwissenschaften, ist der Wind rau. Jeder zweite Mathe-Student bricht ab, und man muss froh sein, wenn man nach sechs Wochen Lernmarathon eine Vier hat. Aber hätte ich alles gelesen, was ich hätte lesen müssen, und gelernt, was wichtig gewesen wäre, dann hätte ich bestimmt auch keine Zwei-Tage-Woche gehabt und müsste jetzt nicht mit fester Stimme wackelige Behauptungen souverän verkaufen, damit keiner merkt, wie viel von meinem Fach ich nicht weiß. Nur kontrolliert das halt keiner.

Vielleicht ändert sich das allerdings in Zukunft, wie sich einiges momentan ändert, seitdem immer öfter auch die Eltern durch die Uni-Bib schlendern. Meine Freundin Katharina arbeitet in der Studentenverwaltung, und ihre Lieblingsgeschichten haben immer etwas mit Eltern zu tun. Eine Mutter rief an, um zu fragen, ob die Uni einen privaten Klavierlehrer für ihre Tochter empfehlen könne. Eine andere fragte, ob die Uni Möbelpacker für den Umzug ihres Kindes stelle.

Immer öfter erzählen hier Hiwis von Eltern in den Sprechstunden, die fragen, wo ihre Kinder denn die Bücher für die Hausarbeit finden. G8 hat da seine Finger im Spiel: Ersti-Kneipentouren, Exkursionen in den Anfangssemestern, alles ist ein bisschen schwieriger geworden, seit man extra eine Unterschrift der Eltern braucht, damit man als minderjähriges Kind auch wirklich bis nach zwölf draußen bleiben darf und die Dozenten auf der Exkursion keinen Ärger kriegen, wenn mal jemand einen Cuba Libre trinkt. Die Eltern müssen die WGs mieten, und damit ändert sich auch die Klientel der Besucherschlange bei Zimmer-Besichtigungen. Letztens habe ich bei einer 37 Grad-Reportage den neu initiierten Elterntag der Uni Würzburg gesehen, auf dem Eltern sich nicht entscheiden konnten, ob sie eine Tour durch die Studentenwohnheime oder eine Besichtigung der Mensa buchen sollten, weil beides natürlich furchtbar wichtig ist. Die Humboldt-Universität in Berlin lädt zu Elternabenden ein. Voriges Jahr mietete die Uni Freiburg eigens den Ostflügel des SC Freiburg-Stadions für den Ersti-Familientag. Die Uni Münster veranstaltet ein ganzes Eltern-Wochenende und nennt es treffsicher »Elternalarm«. Für frühere Generationen war das Studium der Nestrausschmiss. In den Fünfzigern wohnte man zur Untermiete in möblierten Zimmern bei alten Mütterchen, und drei Jahrzehnte später dann wie mein Onkel Ralf in Kommunen in stillgelegten Bahnhöfen, in denen die Ecken feucht waren, die Heizung nie ging und man die Wohnzimmerwand wild bemalen konnte. Die Eltern kamen einmal pro Semester und wollten es gar nicht so genau wissen. Heute gibt es in Heidelberg Luxusappartements im neubebauten Bahnstadtviertel, in denen siebzehnjährige Jurastudenten in architektonisch innovativen Grundrissen wohnen, die ihnen ihre Eltern ausgesucht haben. Keine WG, Gott bewahre, da weiß man ja nicht, mit wem das Kind zusammenwohnt. Am Ende mit jemandem, der links wählt oder niemals eine Tropenholz-Pfeffermühle haben will. Darum lassen es viele einfach gleich und bleiben erst mal bei Mama und Papa. Ehrlich gesagt: Ich war auch so eine. Die ersten zwei Jahre bin ich zwischen Kinderzimmer und Uni gependelt, und wenn ich heimkam, hatte meine Mutter mein Bett bezogen und mein Vater mir etwas zu essen gekocht. Letztens habe ich gelesen, dass in Deutschland jeder vierte Student noch daheim wohnt. »Daheim« ist generell ein zwiespältiges Wort im Studentendasein. Hände hoch, wer auch mit 25 noch sagt »Ich fahr am Wochenende heim« anstatt »Ich fahr zu meinen Eltern«. In diesem kleinen Wort steckt die ganze zerrissene Kinderseele des Studenten. Das Studium, das ist einem klar, ist eine Übergangszeit. Man ist hier drei Jahre (Bachelor), vier Jahre (langsamer Bachelor) oder fünf Jahre (Master), und was dann kommt, weiß keiner. Die neue Uni-Stadt ist irgendwann nicht mehr neu, man kennt den Nachtbusfahrplan auswendig und findet auf der Straße Leute zum Grüßen, aber es bleibt halt die Uni-Stadt, und daheim bleibt daheim. Ich nehme an, das geht nicht nur mir so.

Die Helikopter-Eltern jedenfalls, die mit jedem Semester zahlreicher die Uni überkreisen, halten ihre Kinder von einer wichtigen Erkenntnis fern, die einem in dieser Schnelligkeit wahrscheinlich nur eine Uni geben kann. Ich glaube, das Wichtigste, was dir die Uni beibringt, zumindest wenn es eine große ist, ist, dass sich keiner für dich interessiert. Das ist etwas, das man mit neunzehn oder inzwischen auch siebzehn noch nicht weiß, weil es einem keiner beibringt in den gemütlichen Gymnasien, wo man sich kennt und bei den Lehrern mit einem Augenaufschlag und drei Tränen doch noch eine Zwei plus im Mündlichen rausschlagen kann. In der Uni geht das nicht mehr, oder ich habe es zumindest nie erlebt. Was ich erlebt habe, ist, wie mich Frau Nieder damals in Mittelhochdeutsch, ohne einmal mit dem Stift innezuhalten, aus dem Seminar und damit aus der Scheinberechtigung rausstrich, weil ich beim Namenaufrufen nicht laut genug meine Anwesenheit bekräftigt hatte. Keiner der Dozenten weiß wirklich, wer du bist, oder interessiert sich dafür, ob du deine Prüfung schaffst oder deine Hausarbeiten auf die Reihe kriegst. Es ist egal, ob du dein Studium abbrichst oder das Fach wechselst; außer dir und vielleicht deinen Freunden, die du hoffentlich inzwischen in der neuen Stadt gefunden hast, bekommt das keiner mit. Diese Erkenntnis traf mich damals in der Mittelhochdeutschstunde wie ein Schlag und war wie ein schwarzer Abgrund nach den behüteten Jahren und dem Augensternchendasein bei Mama und Papa. Es hat gedauert, bis mir die Vorteile davon klarwurden. Nämlich, dass jeder machen darf, was er möchte, und dass man als kleines Schäfchen in der riesigen Herde ein freies Schäfchen ist. Die Uni ist eine harte Mutter, aber eine gute.

»Bitte einmal die Balkanpfanne«

Man hört ja viel Schlimmes über Mensen, und es drängen sich oft Bilder von verschwitzten, kräftigen Kantinenmitarbeiterinnen auf, die in weißer Kittelschürze und mit Haarnetz aus großen Schöpflöffeln braun-rot-gelben Matsch auf diese Tabletts mit vorgeformten Tellerrinnen klatschen. Das war meine Vorstellung, bevor ich an die Uni kam, und sie basierte mehr auf Fotos der Werkskantinen in DDR-Dederon-Fabriken als auf wirklicher Erfahrung. Als ich dann an die Uni kam, war ich positiv überrascht von Spargel und im Ganzen aufgebahrten Lachsen. Nirgendwo eine schwitzende Schöpffrau, sondern lauter nette Damen. Einmal bin ich fast in die Knie gegangen, als die Mensa-Kassiererin, die täglich Tausende Mittagessen eintippt, mich anguckte und fragte: »Oh, neue Strähnchen?« Ich bin also mit der Mensa sehr im Reinen.

Heidelberg hat zwei Mensen in der Altstadt, die Triplex und den Marstall. Das Verhältnis der beiden zueinander ist architektonisch ein bisschen wie Neukölln zu Charlottenburg.

Heute wird's Neukölln. Ich bin zum Essen verabredet

und warte drinnen in der Mensa, gleich nach der Eingangstür, die eine Drehtür ist. Ich weiß nicht, wer sich das ausgedacht hat, weil man sich vorstellen kann, was das zu Essensstoßzeiten, also um 13 Uhr, für ein Gedrängel und Geschiebe in der engen Drehtür ist. Aber die Uni Heidelberg hat generell ein schlechtes Händchen für Türen. Die Türen der Uni-Bibliothek sind so riesig und schwer und schwingend, dass man aufpassen muss, sie nicht vom Vordermann ins Gesicht gezimmert zu bekommen. Zu Zeiten von StudiVZ hatte die Gruppe »Angst vor der Heidelberger UB-Tür« sehr viele Mitglieder. Die StudiVZ-Gruppen habe ich geliebt, ich fand es eigentlich besser als Facebook, auch wenn man das nicht so laut sagen darf und es primär deswegen war, weil ich unglaublich viel Zeit während der Abi-Vorbereitung damit vertrödeln konnte, mich durch die Gruppenprofile unbekannter, aber kreativ aussehender Leute zu klicken und ihre Gruppen zu klauen. Es hat sich gelohnt, ich wurde sogar einmal von einem Mädchen aus Bremen angeschrieben, die mich eigens für meine lustige Gruppenliste loben wollte. Als wir dann alle wie ein Schwarm zu Facebook wechselten, hab ich sentimental vorher noch meine Liste kopiert, in die so viel Mühe geflossen war. Bei Facebook hat sich das mit den Gruppen nie so richtig durchgesetzt, was sicherlich vor allem daran lag, dass man sie nicht mehr auf der Startseite sah und dass sie alle in einer langen Schlange voller Bandwurmsätze, nur von Kommas getrennt, irgendwo versteckt bei den Infos ihr Dasein fristeten. Schade. Dafür konnte man auf Facebook von Anfang an besser stalken, weil man nicht als Besucher auf der Seite angezeigt wurde. Nicht auszudenken, wäre das zu den größten Facebook-Hypezeiten auch dort so gewesen. Niemals hätte ich dann vor einem ersten Date denjenigen stalken und aufgrund seiner Vorlieben und Fotos schon vorab beschließen können, dass das mit uns nichts wird. Wie viele Dates wären vielleicht positiv verlaufen, hätte Facebook mich durch die Seitenbesucheranzeige davon abgehalten.

Ich warte im Mensa-Eingang neben einer Gruppe, die sich selbst als Juristen parodiert. Es sind drei Jungs, jeder hat eine Cordhose an, aber jeweils in einer anderen Farbe: einmal tannengrün, einmal weinrot, einmal curry. Dazu ungelogen alle eine gesteppte Barbourjacke mit Cordkragen, die Haare kollektiv nach hinten gekämmt. Klischees entstehen ja immer irgendwie aus der Wahrheit, und bei Jurastudenten stimmt die Cartoon-Vorstellung davon meistens komplett mit der Wirklichkeit überein: Segelschuhe, beige Chinos, Ralph-Lauren-Hemden, Perlenketten und Longchamp-Taschen geben sich die Ehre. Ich sah letztens drei Jurastudentinnen, die hintereinander in der Essensschlange standen. Sie hatten alle drei mittelblaue Jeans, einen beigen Trenchcoat, Burberryschal und Pferdeschwanz und hießen wahrscheinlich alle Theresa. Ich weiß nicht, wie es sein kann, dass keine der drei die anderen beiden mal anguckt und sich fragt, wo sie zusammen falsch abgebogen sind.

Dass Kunsthistorikerinnen aussehen wie Kunsthistorikerinnen, hab ich ja schon gesagt, genauso ist es mit Vorurteilen für das Klientel der PH (Schmetterlingshaarklammer, süßes Mäppchen mit ironischem Kindermotivdruck, Kleider von Esprit), dem Romanischen Institut (Espadrilles, Haremshose, selbstgedrehte Zigaretten) und Theologie (Äußerlichkeiten zählen nicht, wenn Jesus uns liebt). Es gibt sogar feine Abstufungen der Klischees je nach Fächerkombination. Germanistik und Ethnologie klingt beispielsweise nach weiblich, einem dem Studium vorangegangenen FSJ in Peru sowie eine nach wie vor gerngetragene Sammlung an Holzschmuck in Naturfarben. Ich hatte mal einen schon an sich sehr beschämenden One-Night-Stand, bei dem ich anhand der überall verteilten Masse von Holzperlenketten nicht nur merkte, dass der Herr vergeben war, sondern auch noch richtig erriet, was seine frisch betrogene Freundin studierte. Germanistik und Geschichte spricht eher für männlich, Pullunder und praktischer Haarschnitt in Aschblond. Sport andererseits ist, egal mit welchem Fach kombiniert, immer das Fach der schönen Körper, der wenigen Inhalte und der Muskelshirts zur Badeshorts mit Surferfrisur und Festival-Armbändchen. Männliche Informatikstudenten tragen überdurchschnittlich oft lange Haare im nachlässigen Pferdeschwanz sowie Metal-Shirts, und Architekten und Mediendesigner haben irgendwie einen Hang zu Undercut-Frisuren sowie zur Daniel-Hartwich-Gedächtnisbrille (weibliches Pendant: dasselbe, nur dass die Haarspitzen des Undercuts noch rosa und/oder fancy hellblau gedip-dyed sind). Ohne Maschinenbau-Studenten wäre die Karo-Hemden-Industrie ein unbedeutender Nebenzweig, und tatsächlich machen Studenten der Sozialen Arbeit gern Projekttage. Das klingt alles sehr nach plattem Klischee, und natürlich kenne ich Juristinnen im Parka und Theologen, die sich anziehen können. Aber ich kenne zu jedem aufgezählten Beispiel mehr Leute, auf die das Klischee zutrifft. Vielleicht ist es platt – aber eben auch wahr.

Wir gehen essen. In der Triplex gibt es drei Aufgänge. Bei A gibt es Buffet, bei B gibt es kleine Näpfchen, aus denen man sich ein wildes Mittagessen mixen kann, bei C gibt es zwei Tagesessen, um die ich aber normalerweise eher einen Bogen mache. Ich gehe zu B, weil es Buttererbsen und Brückenpfeilerkartoffeln gibt, das sind eigentlich einfach dicke Pommes. Die Mensa in Heidelberg ist generell ziemlich kreativ bei der Benennung des Essens. Es gibt unter anderem die »Balkanpfanne« (Reis mit Gemüse), die »Träumereien aus der Hauskonditorei« (Pudding/Berliner/Mandarinenquark) und das »Geflügelsteak Esterházy« (Pute in brauner Bratensoße). Man muss aber dazu sagen, dass alles wirklich ziemlich gut ist. Wahrscheinlich das allerbeste Heidelberger Mensaessen ist aber der Couscous-Salat beim Buffet. Als es den mal plötzlich nicht mehr gab, habe ich sogar eine Mail an die Studentenverwaltung geschrieben, Betreff: »Wo ist der Couscous« (Menschen in meinem Alter oder drüber erkennen vielleicht die Anspielung auf die Neunziger-Jahre-Werbung »Wo ist der Deinhardt« mit der schlagzeug-kaputtmachenden Frau). Die Antwort berichtete von angeblichen Lieferengpässen, und zwei Tage später war der Couscous zurück. Wenn ich die Geschichte mal meinen Kindern erzähle, wird sie davon handeln, wie ich den Heidelberger Studenten den Couscous erkämpfte.

Am Tisch neben uns sitzen vier Omas und ein Opa, Typ Golfplatz und Arztvilla. Wer Juristen schon schlimm findet, kennt noch nicht die Seniorenstudenten. In Heidelberg müssen die interessierten und fitten über Sechzigjährigen, denen daheim zu langweilig ist und die beim Sonntagsbrunch im Kurhaus was Kultiviertes zu erzählen haben wollen, nur ein paar Euro pro Semester zahlen und können sich dann in jede Uni-Veranstaltung setzen. In meinen Fächern, vor allem in Kunstgeschichte, sitzen unglaublich viele von ihnen. Sie tragen babyrosa Kaschmirtwinsets zur Perlenkette und sitzen grundsätzlich in den ersten Reihen, weil sie da am besten sehen und hören, oder am Rand jeder beliebigen Sitzreihe, weil man ja vielleicht mal zwischendurch raus muss. Dagegen wäre nicht mal unbedingt etwas zu sagen, wenn sie nicht erstens das auch in solchen Vorlesungen täten, bei denen die normalen Studenten auf dem Boden sitzen müssen, weil kein Platz mehr ist, und wenn sie dabei zweitens weniger renitent und dafür etwas höflicher wären. Ich hatte zu viele Zusammenstöße, um Omas noch süß zu finden. Eine wollte unbedingt, dass sich die Exkursionstermine bitte nach ihrem Kalender voller Lymphdrainagen und Schrothkuren richten sollten. Zwei andere, offenbar Freundinnen aus gehobenen Heidelberger Kreisen und selbstverständlich Bankrandsitzerinnen, weigerten sich, mich aus der Sitzreihe aufs Klo zu lassen, weil ihnen das zu anstrengend sei, und verwiesen mich darauf, doch über die Bänke zu klettern. Vierzehn Semester Uni haben mich zu einer besonderen Befürworterin von Großeltern gemacht, die in ihrer Freizeit vor allem Kaffeefahrten, Wanderungen durch den Harz oder Enkelbesuche machen und für ihre Bildung ab und zu ein gutes Buch lesen.

Beim Mensa-Ausgang absolvieren wir noch den Spießrutenlauf zwischen vielen, vielen Händen, die uns viele, viele Flyer entgegenstrecken. Meistens dabei ist irgendeiner für ein Studententheaterstück, einer für einen Umweltzerstörungsvortrag, einer für eine beliebige Hochschulpartei und an zu vielen Tagen auch einer für eine Party, die sich bei genauerem Hinsehen dann doch als eine Mitglieder- und leicht flachzulegende Mädchen-Rekrutierungsveranstaltung einer der vielen Studentenverbindungen entpuppt. Heidelberg ist die Mutter aller Studentenverbindungen, zumindest hat man den Eindruck. Überall große Villen, die mysteriöserweise von Zwanzigjährigen bewohnt werden, die Farbbänder über dem weißen Hemd zur beigen Jeans tragen und – Klischee olé – tatsächlich meistens Jura studieren. Wenn man nicht gerade Jura studiert, selber in diesen Villen wohnt oder eines dieser beschämenden Mädchen in Hallhuber-Blusen ist, die »eine gute Partie machen wollen« *kicher*, bekommt man von den Studentenverbindungen allerdings wenig mit. Das Einzige, was man neben den Infos auf gelegentlichen Verbindungs-Partyflyern erfährt, sind Gerüchte: von Papi bestochene Professoren, geheime Fechtturniere, alles, was mit übertrieben viel Alkohol unter der Woche zu tun hat, und natürlich die Couch, die in jedem Verbindungshaus steht und auf der angeblich jedes Mitglied seine Eroberungen beglückt. Ja, natürlich verachte ich als wackere linksliberale und von Undefiniertem befreite Frau Studentenverbindungen als rechts, frauenfeindlich und lächerlich. Aber ich habe leider zu viele Krimis in englischen Elite-Universitäten gelesen und dreimal zu oft die Gilmore Girls-Folge geguckt, in der der heiße Logan Huntzberger Rory in seine Burschenschaftsgeheimnisse einweiht, dass nicht ein kleiner verachtenswerter Teil von mir das Ganze dann doch irgendwie spannend und sexy findet. Darum fand ich mich vor einiger Zeit an einem sehr nebligen 30. Oktober-Abend auf dem Weg zu einer Verbindungs-Halloweenparty in einer der reichsten Adressen Heidelbergs wieder. Die Villa war riesig und gründerzeitlich, so wie man es sich vorstellt, und meine Freundin Katharina und ich trugen Cocktailkleider und schwarze Augenmasken wie in Eyes Wide Shut. Wenn schon, denn schon. Wir kamen im Schlepptau einer Kommilitonin, eines Hallhuber-gute-Partie-Mädchens, die hoffte, hier ihren zukünftigen Mann und Rechtsanwalt zu finden. Sicherheitshalber hatten Katharina und ich verschiedenen Freunden gesagt, wo wir hingehen, falls mit uns in irgendwelchen finsteren Kellergewölben Unaussprechliches geschehen würde. Was soll ich sagen? Die Räume waren drei Meter hoch und holzgetäfelt, der Wodka erlesen, und es gab auch tatsächlich Kanapees auf Silbertabletts, aber ansonsten war es einfach eine ganz normale Party. Und nicht mal eine gute. Der Durchschnitt an pickeligen, verschüchterten Jungs, die sich Mut antrinken mussten und dann nur peinlich wurden, war noch höher als anderswo, und keiner von ihnen sah auch nur entfernt aus wie Logan Huntzberger. Dazwischen angeschickerte Mädchen im H&M-Paillettenkleid, alles wie gehabt. Ein paar knutschten, ein paar kotzten, ein paar fanden ihr Vaterland entschieden zu toll. Mehr war nicht dran. Katharina und ich verabschiedeten uns nach einer Stunde und gingen in unseren Kleidern und unseren Masken in die linkeste Bar, die wir auf die Schnelle finden konnten. Dort tranken wir auf die Ernüchterung und auch auf die Tatsache, dass wir peinlicherweise ab jetzt zugeben mussten, schon einmal auf einer Verbindungsparty gewesen zu sein, zwei warme Erpel (typischer Heidelberger Kurzer mit Tabasco und flambierter Zitrone) und wussten, dass Studentenverbindungen für uns einerseits den Schrecken und andererseits den heimlichen Glanz endgültig verloren hatten.

Wir gehen nach dem Essen ins Marstallcafé, das ist das Mensa-Café, das das Studentenwerk betreibt, das heißt, es gibt alles ziemlich billig, und man kann mit seiner Campuscard bezahlen. Die Campuscard ist Studentenausweis, Uni-Bib-Karte und Chipkarte in einem, auf die man Geld laden und dann damit in der Mensa und beim Uni-Kopierer bezahlen kann. Das hat inzwischen jede Uni. Als ich in Heidelberg anfing, gab es das aber noch nicht, sondern man hatte eine kleine blaue eingeschweißte Karte für die Uni-Bib, eine Chipkarte für die Mensa und einen Studentenausweis, den man sich selber jedes Semester neu auf ganz normalem Papier ausdrucken und mit der Bastelschere ausschneiden musste. Nachdem Heidelberg dann die Exzellenzinitiative gewonnen hatte, war es ihnen offenbar endgültig zu peinlich, dass die Studenten dieser altehrwürdigen Universität einen verknitterten kleinen Fresszettel als Studentenausweis im Geldbeutel herumtrugen, und man folgte endlich dem Vorbild aller anderen Universitäten und fügte alles zu einer einzigen Karte zusammen, auf der allerdings leider dauernd das aufgedruckte Foto und Semesterdatum abblättert. Das macht es leicht, ein bisschen zu tricksen, und ich kenne mehrere Leute, die nach ihrer Exmatrikulation mit viel Fingerspitzengefühl und schwarzem Kuli die Datierung der Campuscard ein wenig in Richtung »noch gültig« veränderten. Im Marstallcafé durfte man früher rauchen, deswegen gingen eigentlich nur Leute hin, die auch tatsächlich rauchen wollten, weil man danach roch wie ein Aschenbecher. Inzwischen ist auch hier der Nichtraucherschutz eingezogen, und man riecht nur noch Kaffee und Kuchen. Ich bin zwiegespalten, was das mit dem Nichtrauchergesetz angeht. Einerseits finde ich, obwohl selber Partyraucherin, es schon ganz angenehm, nach einem Kneipenabend nicht alle Kleider beinahe verbrennen zu müssen, weil der Geruch nicht mehr rausgeht. Und durch das Rauchverbot wird man auch viel seltener in vollen Bars oder auf überlaufenen Tanzflächen aus Versehen mit der Zigarettenspitze am nackten Arm erwischt. Allerdings riecht es leider auf den Tanzflächen jetzt zwar nicht mehr nach Rauch, dafür aber nach Mensch. Und Schweiß, Blähungen, Mundgeruch und schlechte Parfüms sind irgendwie nichts, was sexy Flirtmomente fördert. Alles in allem war die verrauchte Luft vielleicht nicht schön, aber immer noch schöner.

Wir kaufen uns Kaba und Kaffee und diesen Kuchen mit unten Schokobiskuit und oben Kirschen drauf und setzen uns in die alten Ohrensessel, die überall im Café herumstehen. Hier ist schon viel passiert, und hier habe ich schon viele wichtige Gespräche geführt. Wer mit wem, und ob ich mich mit Oliver noch mal treffen soll, und ob der Master das Richtige ist und ob wir Freunde bleiben. Solche Gespräche. Hier habe ich beschlossen, Germanistik zu schmeißen und dass das mit meiner Jugendliebe niemals mehr etwas wird. Ich esse meinen Kirsch-Schoko-Kuchen, und die Gespräche um mich rum rauschen kurz an mir vorbei. Mensa klingt inzwischen für mich schon lange nicht mehr nach Kantineneintopf.

»Also seit meinem Frankreich-semester trink ich abends gern mal 'ne gute Flasche Rotwein«

Ich habe kein Erasmus-Semester gemacht. Bäm! I said it! Damit bin ich eine Ausnahme und eigentlich nicht repräsentativ für mein Alter und für meinen Studiengang, denn die Erasmus-Verreiser kommen fast immer aus den Geisteswissenschaften. Nur sechs Prozent der zukünftigen Ingenieure waren mal im Ausland studieren, in meinem Geschichte/Germanistik/Theologie-Freundeskreis bin ich gefühlt die Einzige. Ich mag keine Rucksackreisen, ich finde auch nicht, dass »everywhere on my list« sein muss. Dass Reisen das eine Ding ist, das einen reicher macht, wenn man es kauft, ist etwas, das ich auf Visual Statements niemals liken würde. Ich bin der Reise-Grinch. Das Kapitel wird darum sehr kurz, und es ist fragwürdig, ob ich als Nicht-Erasmusserin überhaupt das Recht habe, darüber zu schreiben, aber unerwähnt kann ich es nicht lassen. Nur weil ich es nicht gemacht habe, kann ich es nicht ignorieren: Die meisten Studenten, die ich kenne, waren im Ausland, und davon wiederum die meisten mit Erasmus.

Erasmus ist genauso alt wie ich, nämlich 26, und hat bisher 450 000 deutsche Studenten ins Ausland gebracht. Offiziell ist es einfach nur ein Programm, das hilft, Austauschsemester zu organisieren und zu finanzieren, aber eigentlich ist es eine Art »Ruf Reisen« für über Zwanzigjährige. Man fährt damit zwar nicht nach Lloret oder Ibiza, sondern nach Barcelona, Catania oder Stockholm, aber das mit dem Trinken und dem Sex und den kostenlosen Strohhüten vom Veranstalter ist gleich geblieben. Erasmusstudenten haben hier in Deutschland immer ein bisschen den Stempel »willig und trinkfest«, und durch meine Freunde, die selber mal dabei waren, weiß ich, dass das im Gastgeberland nicht anders ist. Man ist ja nur ein Semester da, und die Eltern und der sich alles merkende Freundeskreis ist weit weg. Egal was man tut, im Auslandssemester muss es nicht rauskommen und später lästige Witze nach sich ziehen.

Ich kenne Menschen mit streng katholischer Sexualmoral, die durch Erasmus zur Promiskuität bekehrt wurden, solche, die portugiesische Notfallaufnahmen überstrapazierten, und solche, deren daheimgebliebene Partner gar nicht wussten, dass sie ein Semester lang eine offene Beziehung führten. Was ich nicht kenne, ist jemand, der im Erasmus-Semester eine ernstzunehmende Anzahl an Scheinen an der Gast-Uni gemacht hat, damit ihn das Auslandssemester nicht die Regelstudienzeit gekostet hätte. Nicht, dass das schlimm wäre.

Erasmus erinnert mich immer ein bisschen an die Sen-

81

dung »One bad trip« auf MTV, die vor etwa zehn Jahren lief. Das Prinzip der Sendung war, dass ein Kamerateam eine Gruppe Teenager zu ihrem ersten Spring Break oder irgendetwas Ähnlichem, das am Reiseziel viele Wet-T-Shirt-Contests zu beinhalten versprach, begleitete. Was keiner wusste, war, dass die Eltern heimlich auch mitgereist waren und im Maskottchenkostüm oder anderen Verkleidungen alles mitbekamen, was ihre besoffenen Kinder so machten. »One bad Erasmus-Semester« auf ZDFneo mit Jan Böhmermann wäre sicher ein erfolgversprechendes Format.

»Und Sauberkeit ist mir natürlich auch sehr wichtig«

Ich wohne seit fünf Jahren in einer WG, wie fast alle, die studieren. Im Gegensatz zu den meisten musste ich allerdings nicht eine bei WG-gesucht suchen, sondern zog von Anfang an mit Freunden zusammen, die ich schon kannte. Und dadurch dass ich am Anfang noch von Mami und Papi an die Uni pendeln konnte, ersparte ich mir auch den Ersti-Stress, einerseits Ersti und andererseits wohnungssuchend zu sein. Am Anfang jedes Wintersemesters wohnen in Heidelberg viele viele ziemlich gestresst-verzweifelte Erstis einige Wochen in einer Jugendherberge, bis sie endlich irgendwo ein Zimmer gefunden haben. Und weil man ja irgendwann einfach irgendwas nimmt, wird so auch der hinterlistigste Vermieter sein dunkles 11-Quadratmeter-Loch für 400 Euro los.

So erging es mir nicht, ich konnte einfach mit einziehen. Erst in ein Siebziger-Jahre-Plattenbau-Hochhaus in einem Viertel, wo man ungestraft bei Edeka im Schlafanzug und ausgetretenen Uggs einkaufen gehen konnte. Es gab zwei gute Dönerläden in der unmittelbaren Umgebung, an Weihnachten hatten die Leute in den Hochhausblocks blinkende, quietschbunte Dekoration in den Fenstern, und die Peter-Fox-Zeile »Jeder hat 'nen Hund, aber keinen zum Reden« traf auf unsere Nachbarschaft absolut zu. Dann kamen wir im ersten Mastersemester über verschlungene Umwege in die Heidelberger Weststadt, 19. Jahrhundert, Altbau, Parkett, Kassettentüren. Unsere Vermieterin ist Gräfin von Douglas. From Rags to Riches.

Wir haben nie ein WG-Casting gemacht, obwohl ich das ja gerne mal erlebt hätte. Ich selber war auch nie auf einem. Als Bewerber stelle ich es mir auch relativ ätzend vor, weil man da mit dreißig anderen um irgendein überteuertes 13-Quadratmeter-Zimmer buhlt, indem man die Worte »unkompliziert«, »sauber« und wahlweise »leise« oder »feierfreudig« (je nach Art der WG) in seinen Vorstellungs-Sätzen unterbringt, und alle anderen tun das natürlich auch, und zum Schluss gewinnt sowieso der, der am besten aussieht, weil alle Mitbewohner heimlich auf ein bisschen Romantik oder zumindest mal endlich einen WG-One-Night-Stand wie in der Neon (für Fortgeschrittene: WG-Gruppensex wie in der Vice) hoffen. Wir haben jedenfalls nie gecastet, darum sind alle meine Erfahrungen diesbezüglich aus zweiter Hand. Davon geträumt, ein Casting zu veranstalten, das ausschließlich Single-Sportstudenten in engen weißen Shirts zulässt, das haben wir allerdings oft.

Die Stammbesetzung von drei Mädchen blieb die ganzen Jahre bei uns gleich: meine Sandkastenfreundin

Sarah, meine Cousine Jana und ich. Nur der Vierte wechselte immer wieder. Das war eine ganz gute Mischung, denn sonst wären wir drei uns sicher trotz allen Ewig-Kennens irgendwann ein bisschen auf den Keks gegangen. WG, das ist nichts für jeden, und ich bin mir bis heute nicht einmal sicher, ob es etwas für mich ist. Es ist schön, wenn jemand daheim ist, wenn du heimkommst, dich fragt, ob er dir was aus dem Supermarkt mitbringen kann, und man nicht alleine »Bachelor« gucken muss, wenn man nicht will. Aber selbst das Zusammenziehen mit Freunden oder Verwandten garantiert nicht, dass es lange gutgeht. Drei Freundinnen von mir, die schon in der Schule befreundet waren, mussten nach einem Jahr WG einsehen, dass sie sich gar nicht so ähnlich waren wie gedacht. Mein Freund Benny, der mit seinem besten Kindergartenfreund zusammenzog, versteht sich mit besagtem Freund wunderbar, seit sie wieder auseinandergezogen sind. Man muss Glück haben, nicht mit jedem Freund kann man auch auf Dauer ein Klo teilen. Wir hatten Glück, wir drei Mädels, die meisten Diskussionen gingen über den Schweregrad von »Lieber Kartoffelgratin oder Spinatnudeln zum Abendessen?« nicht hinaus. Der wechselnde Vierte war allerdings auch von Anfang an eine gute Pufferzone, da demjenigen oft die undankbare Aufgabe zukam, der zusammenschweißende gemeinsame Gegner zu sein. Während meines Studiums hatte ich zwölf Mitbewohner, wenn man alle Zwischenmieter einberechnet.

Wir hatten sie alle: den Ersti, der Mami vermisste und überfordert anfing zu weinen, als er das Bad putzen sollte. Die fürsorgliche französische Austauschstudentin, die jeden zum guten Morgen und gute Nacht sagen umarmte, so dass wir irgendwann zu diesen Tageszeiten auffällig oft sperrige Gegenstände herumtrugen. Den sanften Historiker, der versuchte, in unserer Wohnung ohne Balkon eine Elsbeere zu züchten, weil diese Baum des Jahres 2010 war und in der Stadt gratis an Kinder verteilt wurde. Wie er an seine kam, will ich gar nicht wissen.

Im Winter 2011 hatten wir Gulmira, eine Zwischenmieterin, die nur wenig Deutsch sprach, bei Minustemperaturen die Heizung aufdrehte und die Fenster dazu aufriss und von der ich erst nach ihrem Auszug erfuhr, dass sie aus Kasachstan und gar nicht aus Südamerika stammte. Besonders in Erinnerung blieb der Psycho. Pascal war gutaussehend, trainiert, gut angezogen und nett, und wir drei Mädchen freuten uns durchaus, als er einzog. Schnell fanden wir ihn dann ein bisschen merkwürdig, in seinen akkurat gebügelten Flanell-Schlafanzügen und den Haaren, die sich nicht bewegten. Wir fanden ihn noch merkwürdiger, als uns klarwurde, dass er jeden Tag zur selben Uhrzeit dasselbe aß: morgens Brötchen mit Frischkäse und Schnittlauch, mittags ein Tomaten-Mozzarella-Brötchen von der Bäckerei gegenüber, abends Penne Arrabiata. Dazwischen um zwei einen Milchkaffee. Man konnte die Uhr danach stellen. Als er dann einen Wutanfall bekam, weil eines Tages um zwei die Milch leer war und sich damit sein Kaffee verzögerte, wurde uns schon ein wenig mulmig. Als er mir zuflüsterte, ich sei sein kleiner Schmetterling, war ich nicht mehr oft daheim und tröstete mich damit, dass er nur für ein Wintersemester Zwischenmieter war. Mitte Januar redete er allerdings noch nicht davon, sich ein neues Zimmer zu suchen, Ende Januar auch nicht. Zum Semesterende hin fragten wir ihn also, wo er denn jetzt hinziehen würde. Einen Tag später saßen wir in der kostenlosen Studentenrechtsberatung des Landgerichts Heidelberg und mussten herausfinden, dass es gar nicht so einfach ist, einen Mitbewohner, der sich weigert auszuziehen, aus der Wohnung zu bekommen. An dieser Stelle sei gesagt: Es ist eine sehr nette Idee, arme Studenten kostenlos rechtlich zu beraten, aber dafür sollten sich auch nur sozial kompatible Juristen melden. Unserer schaute gelangweilt aus dem Fenster, irgendwann dann doch zu uns und meinte, dass es dazu einen Paragraphen gäbe, es ihm aber jetzt zu lange dauern würde, das nachzuschauen. Es brauchte dann noch drei Wochen, zwei neue Kündigungen und viele Telefonate mit befreundeten Jurastudenten, bis unser zwanghafter Arrabiata-Esser dann doch seine Sachen packte und ging. Manchmal sehe ich ihn auf der Straße, dann dreht er ganz schnell den Kopf weg. Und ich habe seitdem eine Flanell-Schlafanzug-Sperre, wie Guido Maria Kretschmer sagen würde.

Danach kam Arne der Öko. Arne trug primär orange Strickpullover zu einer Auswahl beiger Hosen und seinen omnipräsenten Hüttenschuhen und aß vor allem Quinoa und Pilze in Butter. Er brachte einen riesigen Entsafter mit, mit dem er jeden Morgen verschiedene Obst- und Gemüsesorten entsaftete, bis er ein großes Glas braunrötliche brackige Brühe als Frühstück hatte. Arne blieb nur ein halbes Jahr, und das fanden weder er noch wir sehr schade.

Unser jetziger Mitbewohner Jonas ist nett, aber ein Hipster. Dabei macht er sich bei jeder sich bietenden Gelegenheit über Hipster lustig, was ihn nach der goldenen Hipsterregel »Erkenne dich selbst nicht« erst recht zum Hipster macht. Er geht in sehr kleinen Secondhandläden einkaufen, er trinkt seinen in Ecuador handverlesenen und unter traditionellen Gesängen gepflückten Kaffee im Coffee Nerd, dem zentralen Heidelberger Hipstercafé, in dem als einziger Wandschmuck ein sarkastisches Fahrrad über der Theke hängt. Er trug erst ein buntes Tattoo mit Seemann-Motiv und inzwischen auch eine ironische Erdnuss. Dank ihm hängt in unserer Küche jetzt ein gesticktes Schiff an der Wand über dem Tisch. Er hat Bart, Hüte von Opa, Hosenträger und »feiert etwas hart ab«, zum Beispiel sehr geheime und sehr individuelle Wohnzimmerkonzerte.

Es soll keiner sagen, wir hätten keine Jugendkulturen mehr hervorgebracht seit den Punks und den Poppern. Den Anfang machten irgendwie die Atzenbrillen, und dann war der Hipster da. Dass diese Jugendkultur vor allem von männlichen Studenten zwischen zwanzig und dreißig getragen wird, ist logisch. Früher ginge es nicht, denn dazu braucht man einen möglichst vollen Bartwuchs. Generell ist der Hipster eher männlich, mir fällt keine Frau ein, die ich als Hipster bezeichnen würde. Da reicht eher der Blogger-Zusatz zur Beschreibung aus. So viel also auch dazu, dass die Männer unserer Generation nur noch eine orientierungslose Masse sind, das stimmt nicht. Sie haben ihre eigene Kultur der tiefsinnigen, schwalbentätowierten, Elternzeit nehmenden, Mate trinkenden Fensterglasträger geschaffen, und das ist ja an sich etwas Gutes. Es gab jedenfalls schon dümmere Bewegungen (noch mal Stichwort Popper), auch wenn es natürlich für Nicht-Hipster etwas anstrengend ist und man gerne, gäbe es das noch, alle Hipster zusammen in die damals großartige StudiVZ-Gruppe »Und jetzt im Chor: Wir sind alle individuell« zwangsinternieren würde.

Dem Hipster ging die Bio-Bewegung voraus, in die er sich eingliederte und mit der zusammen er die Faire-Kleider-Bewegung gebar. Meine Eltern waren, das muss ich wirklich mit Anerkennung sagen, Vorreiter in Sachen Bio. Sie kauften schon im Bauernladen, bevor es cool wurde, und sind damit irgendwie fast schon wieder Hipster. Dann kamen drei Zacken zu viele Fleischskandale und »We feed the World«-Dokumentationen, und Bio wurde zur einzig akzeptierten Ernährungsweise. Füllhorn und Denn's und Alnatura schossen wie Pilze aus dem Boden und boten Arbeitsplätze für sehr langsame Bachblüten-Therapeutinnen, Anschlagbretter für Bikram-

Yoga-Kursaushänge und Einkaufsmöglichkeiten für gut-situierte Akademikerfamilien mit Kindern, die Wilhelm und Mathilda heißen. Man hört hier vielleicht eine gewisse Aggression heraus, aber das liegt nur daran, dass unsere WG direkt über einem Füllhorn-Markt liegt, der jeden Tag all diese Klischees erfüllt. Später hatte dann auch Aldi Bio, und damit war der Biobegriff so weit geworden, dass er zwischen eigenem Gemüsegarten und »wir nehmen uns mal vor, demnächst weniger Pestizide zu spritzen« alles erlaubte.

Die Fairtrade-Bewegung resultierte aus der sich ebenfalls durch mehrere Dokumentationen und einstürzende Baracken in Bangladesch speisenden Erkenntnis, dass ein T-Shirt, das 4,99 kostet, die Näherin vermutlich nicht bis zur Rente abgesichert hat. Vorher war Fairtrade-Mode nur als Zelt-Tunika in Zwiebelschalenfarben erhältlich und wurde von Firmen wie Hess Natur oder Waschbär vertrieben, bei denen der Name Programm war. Jetzt wurde es cool, Fairtrade zu kaufen und am besten auch noch sendungsbewusst darüber zu reden. Ab da überschnitten sich oft die Füllhorn-Einkäufer mit den Fairtrade-Kleiderträgern, mit Ausnahme vielleicht der Armed-Angels-Kunden, die spartenübergreifender zu finden sind. Das Bewusstsein für die ausgebeuteten Hersteller der westlichen Luxusgüter hört allerdings bei beiden Gruppen grundsätzlich bei den technischen Gadgets auf. Der Bio kaufende, Kuyichi tragende Hipster war zumindest in den letzten drei oder vier Jahren ohne iPhone und iPad kaum denkbar, egal ob aus den koreanischen Herstellungslagern regelmäßig Leute aus dem Fenster sprangen, jedenfalls so lange, bis dort Fangnetze aufgehängt wurden. Wie zur Entschuldigung wird das iPhone dann aber standesgemäß und naturverbunden in Cases mit Holzmaserung verpackt – wenn es nicht schon in einer mit Retro-Kassetten-Optik ruht, natürlich.

Ich habe angestrengt überlegt, was vor dem Hipster kam, vielleicht war's der Emo, denn wenn ich recht überlege, wurden aus vielen Schul-Emos Jahre später Uni-Hipster. Neulich schnitt sich ein Freund meines Freundes Benny seinen Emo-Haarhelm ab. Damit ging einer der Letzten vom Platz. Emo war eine Bewegung, die mit meiner Generation aufkam. Früher gab es Metaller und House-Hörer, viel mehr dazwischen, zumindest auf unserer Schule, war nicht. Noch ein oder zwei mit Dreads und Umweltinteressen und die, die gar nix waren. Ich war in der neunten etwa einen Monat Metallerin und zwang mich, Manowar zu hören, was allerdings zugegebenermaßen auch wirklich extrem gemäßigtes Mainstream-Gebrülle war. Nach den vier Wochen war mir klar, dass Markus, der hübsche Metaller aus der zehnten, die Qualen doch nicht wert war.

Aber etwa ein halbes Jahr später sangen HIM »Funeral of Hearts«, das auf mich in meiner melancholischen Teeniestimmung solch tiefgreifenden Eindruck machte, dass ich überall auf die Schulbank den Refrain mit verschnörkelten Buchstaben schrieb. »Love Metal« war geboren, und von da aus war es nur ein sehr kurzer Weg zum Emo. Emos waren äußerlich Mädchen und Jungs, die Metal mit Rockabilly mischten, um das sehr hochgestochen auszudrücken. Weniger differenziert war es das Aufeinandertreffen von sehr langen schrägen Ponys, sehr engen Röhrenjeans für beiderlei Geschlecht, starker Kajalgebrauch bei Mädchen und eventueller bei Jungs und eine Vorliebe für folgende Muster: schwarz-rotes Karo, Kirschen, Totenköpfe und schwarz in allen Ausführungen.

Die dazugehörige Haltung kann man schon aus dem Namen ableiten: Es wurde sehr viel gefühlt, allerdings primär Trauriges. Die Emos waren der Werther-Effekt unserer Generation. Emos wurden von Außenstehenden vor allem als gefühlsbetonte Jammerlappen mit Hang zu Selfies (mit ernstem Blick unter dem Pony hervor, von schräg oben fotografiert) betrachtet, die sich in ihrer Freizeit ritzten. Zumindest das Letzte ist ein Vorurteil. Ich kannte keinen Einzigen, der das wirklich tat, auch wenn sich vielleicht einige davon insgeheim über ihre gesunde Psyche ärgerten, die ihnen diesen dramatischen Schritt unmöglich machte. Emos florierten etwa zwischen 2005 und kurz vor meinem Bachelor, dann verschwanden sie so flott, wie sie gekommen waren. Zurück blieben die Röhrenjeans für alle und die unvermeidlichen Kirschen im H&M-Divided-Sortiment.

Carl Beerwerth setzte ihnen dann in meinem Lieblings-Poetry-Slam-Text »Deutsche Bahn, Emos und

Frauen« 2010 ein spätes Denkmal, in dem er Emos als Hund einen Melancollie nachsagte.

Damit wären wir bei einer sehr verbreiteten Erscheinung in Studentenstädten, nämlich dem Poetry Slam als solchem. Ich muss gestehen, ich war nur auf zwei, und das, obwohl eine Bekannte von mir inzwischen eine relativ erfolgreiche Slammerin im Dreieck Leipzig–Dresden–Berlin ist. Mein Problem ist, dass ich mit der Unmittelbarkeit des Publikums-Votings nicht klarkomme. Mein Mitleid kennt keine Grenzen mit denen, die dastehen und nicht so viel Applaus bekommen, und weil ich mich dabei so unwohl fühle, gehe ich da nicht mehr hin. Was schade ist, weil ich das Konzept »Jeder darf was« gut finde und viele Texte es ja tatsächlich wert sind, gehört zu werden. Ich möchte also hiermit Werbung für die Teilnahme und das Zuhören bei Poetry Slams machen, auch wenn ich nie wieder zu einem gehen werde. Allerdings kann einem ein Poetry Slam auch zum Schluss ein Buch einbringen, es lohnt sich also durchaus mitzumachen, wenn man nicht so ein Sensibelchen ist wie ich.

Andere Veranstaltungen, zu denen junge Menschen zwischen 18 und 29 unbedingt gehen, sind Festivals. Ich bin da zwiegespalten: Einerseits denke ich bei Festivals an das Glastonbury Festival und Cara Delevingne in so ansprechender wie teurer Fransenjacke zu Gummistiefeln von Burberry und bin irgendwie fasziniert. Andererseits denke ich an Dosenravioli, das gruseligste Essen, das ich kenne, Schlamm, menschliche Gerüche, Wacken oder, alternativ, die Mainstream-BWLer-Variante mit weißen Hemden, Knicklichtern und dem unverzichtbaren Caipi, das Nature One. Man hört es vielleicht heraus, ich bin kein Festival-Freund, was nicht generell an Festivals liegt, sondern daran, dass ich nicht gerne auf Konzerte gehe. Ich weiß nie, was ich machen soll, während ich anderen Leuten dabei zugucke, wie sie Musik machen. Aus diesem Grund ist der Festivalzug irgendwie vor Jahren ohne mich abgefahren. Allerdings frage ich mich zugegebenermaßen jeden Sommer, ob ich etwas verpasse und vielleicht meine Jugend ungenutzt an mir vorbeirauscht. Die Frage wird jedes Jahr drängender, weil ich a) älter werde und b) immer mehr Leute auf immer mehr Festivals gehen, die allerorten in den letzten Jahren wie Pilze aus dem Boden sprießen. Am Anfang kam ich noch mit, da gab es eben Wacken für die Metaller, Rock am Ring für die Normalos, Nature One für die House-Normalos und Melt für die etwas weiter links angesiedelten House-Hörer. Aber inzwischen gibt es jedes Jahr zehn neue. Und weil es jedes Jahr zehn neue gibt, müssen sich die Veranstalter auch immer mehr einfallen lassen, damit sie sich von anderen unterscheiden. Das Golden Leaves Festival beispielsweise verrät den Veranstaltungsort erst kurz vor knapp ausgewählten – im wahrsten Sinne, denn die Namen werden gelost – Glücklichen. Mehr Hipster im Bedeutungsursprung geht eigentlich gar nicht, und ich nehme stark an, dass der Name meines Mitbewohners in der Lostrommel war.

Aber zurück zum Thema: Versteht mich nicht falsch, WGs sind toll, ob Hipster oder nicht. Ja, es ist anstrengend, manchmal ist es laut, wenn man lernen will, und es ist wirklich etwas unangenehm, seine Mitbewohner durch dünne Wände beim Liebemachen zu hören. Das kann sogar auf ganz unterschiedliche Arten und Weisen doof sein: Wenn man schlicht peinlich berührt ist, weil man das nicht von seinem eben erst eingezogenen Mitbewohner hören will. Wenn dessen neue Freundin so lustige Geräusche macht, dass man sie am nächsten Tag am Frühstückstisch nicht mehr ernst nehmen kann, während sie über die Krim-Krise spricht. Wenn man daliegt und das selber mal wieder gerne hätte, was die auf der anderen Seite haben, und jedes Bettknacken einem höhnischen »Tja« nahekommt. Wenn man, und das ist das Allerschlimmste, daliegt, und nicht nur das, sondern denjenigen gerne hätte, der da im Nebenzimmer mit der grazilen Erasmus-Studentin aus Norwegen Spaß hat. Sex und WG, ein schwieriges Thema voller peinlicher Momente, witziger Anekdoten, wütendem Gegen-die-Wand-Geklopfe und nächtlichen Spontandepressionen.

Mitbewohner können einem natürlich generell ganz schön auf die Nerven gehen. Wenn sie den Putzplan nicht einhalten. Wenn sie darauf bestehen, dass man den Putzplan einhält. Wenn sie stundenlang gedankenverloren auf ihrer E-Gitarre sehr laut immer wieder dieselben drei Akkorde spielen. Wenn sie gruseligerweise gar keinen Mucks von sich geben und dann plötzlich in der vermeintlich leeren Wohnung vor einem stehen, während man selbst entspannt mit offenem Bademantel aus der Dusche kommt. Wenn sie unangekündigterweise Gäste aus Portugal einquartieren, die man dann dadurch kennenlernt, dass sie bei unabgeschlossener Tür auf dem Klo sitzen. Wenn sie Kerzen aus Bienenwachs in Bioqualität im einzigen vorhandenen Spaghettitopf ziehen.

Wobei meine WG wirklich ein Hort der Harmonie ist gegen die WG meines Freundes Robin. Denn dort gibt es etwas, das ich als »die Anklagetafel« bezeichnen würde. Diese große weiße Tafel, auf die man mit wasserlöslichem Filzstift in aggressivem Rot schreiben kann, hängt in der Küche und ist einzig dazu da zu denunzieren. »Robin hat immer noch nicht das Bad geputzt«, »Wer hat meinen Kuchen gegessen? Ich habe Lars im Verdacht«, »Rebecca und Lisa fanden heute WIEDER Bartstoppeln im Waschbecken«, »In der WG-Kasse fehlen 95 Cent«, »Musik nach elf ist NICHT IN ORDNUNG«.

Wenn ich in dieser WG wohnen würde, würde ich als Erstes diese Tafel verschwinden lassen. Ich, ohne Hang zur Kritikfähigkeit und ohne den Satz »Feedback ist mir wichtig« im Vokabular, würde sonst vermutlich jeden Tag weinend am Frühstückstisch sitzen und ab und an mit schwacher Hand meinen Büßergürtel enger ziehen. Diese WG ist, als würde man mit Fräulein Prusseliese zusammenwohnen.

Ich selbst hatte mit meinen Mitbewohnererziehungsversuchen nie viel Erfolg, weil mir da die Zähigkeit im

Konfrontationskurs fehlt. Nach einem zaghaften »Du wärst diese Woche eigentlich noch mit Saugen dran, glaube ich«, gebe ich normalerweise auf. Eine Bekannte hat einmal all ihren Mitbewohnern deren jeweils ungespült in der Küche stehendes verkrustetes Geschirr in die Betten geworfen. So etwas finde ich bewundernswert, würde es mich aber selbst nie trauen.

Dinge, auf die ich mich am meisten freue, wenn ich nicht mehr in einer WG wohne:

- Endlich Oberhoheit über alle Zimmer. Wenn ich morgens aufwache und denke, dass es cool wäre, alle Decken in Gold zu streichen, dann will ich das können, verdammt nochmal.
- Endlich keiner mehr, der in meiner Wohnung Krautsalat macht, ohne dass ich etwas dagegen tun kann. Ich finde persönlich, dass es kaum ein Lebensmittel gibt, das abstoßender riecht als Krautsalat, und wer das isst, der frisst auch kleine Kinder.
- Endlich kein eiskaltes Badezimmer mehr, weil niemand mehr ohne mein Zutun im Januar nach dem Duschen wegen etwaiger bedrohlicher Schimmelbildung alle Fenster aufreißt und dann vergisst, sie wieder zu schließen.
- Endlich nicht mehr beschäftigt in einem schnell geöffneten Word-Dokument herumtippen müssen, nur um nicht vor meinen sportiven, fitten und fleißigen Mit-

bewohnern zugeben zu müssen, dass ich heute den ganzen Tag mal wieder nichts gemacht habe, außer in einem versifften Southside-T-Shirt, das nicht mal mir gehört, alte Dr. House-Staffeln zu gucken.

- Endlich nackt Nutella mit dem Finger aus dem Glas essen. Was man halt so macht.

Aber wen versuche ich hier zu überzeugen? Wenn ich dereinst nackt mit Nutella beschmiert in meiner warmen, von Krautsalat befreiten, güldenen Wohnung sitze, werde ich mir die Augen ausweinen. WGs sind großartig, und jeder, der nie in einer gelebt hat, hat Zentrales verpasst. Ohne meine WG wäre mir vieles entgangen. Zum Beispiel die Phase, in der wir jeden Abend zusammen gepuzzelt haben. Oder die Weinprobe, die wir bei uns veranstaltet haben und die damit geendet hat, dass ich erst den ganzen edlen und sehr besonderen Wein mitsamt der handverlesenen Schokolade dazu in unser Gästeklo-Waschbecken kotzte und es dann schaffte, in meiner eigenen Wohnung einen polnischen Abgang zu machen, das heißt zu verschwinden, ohne dass jemand gewusst hätte, dass ich einfach nur in mein Bett getaumelt war. Oder die WG-Party im Hochsommer, als unsere Dachwohnung völlig aufgekocht war, der Freund einer Freundin einer Mitbewohnerin betrunken mit einem naiven Ersti unsere Waschmaschine einweihte und zum Schluss auch Leute da waren, die keiner von uns kannte. Ohne meine Mitbewohner hätte ich vieles nicht getan. Ohne sie hätte ich keine Ahnung von Entsaftern oder vom Kochen. Ich könnte immer noch keine Waschmaschine bedienen. Ich hätte einige Freunde und einige süße Jungs nicht kennengelernt, und ich hätte kein Tattoo. Manchmal wünscht man sich, dass mal keiner da ist, wenn man nach Hause kommt. Aber auf der anderen Seite ist eben jemand da, wenn man nach Hause kommt. Ich empfehle WGs wärmstens.

Aber um hier nicht ins Rührselige abzudriften, doch noch zum Schluss eine schöne Geschichte: Als meine Freundin Lina einmal unverhofft in ihrer Tübinger WG auftauchte, weil sie ihren Fahrradschlüssel vergessen hatte, sah sie ihren Mitbewohner in der Küche am Waschbecken stehen und die benutzte Klobürste mit dem Spüllappen reinigen. Ich denke, damit ist über die Schattenseiten des WG-Lebens alles gesagt.

»Aber Hartalk bringt bitte jeder selber mit«

Wie ich schon sagte, ist der Zeit-Studienführer für den Abiturienten das, was die Neon für den Studenten ist, nämlich der Leuchtturm, der den Weg weist. Beides war wichtig für mich, der Studienführer bis zur Zulassung, die Neon bis mindestens zum fünften Semester. Die Neon zu lesen ist für mich allerdings immer auch ein bisschen die Auseinandersetzung mit dem, wie ich wohl eigentlich sein sollte. Ich bekomme keine Komplexe bei Frauenzeitschriften, sondern bei der Neon-Lektüre (und ja, auch bei der von mir gebashten Vice). Die wahren Studenten, das ist dort immer mein Eindruck, wohnen in billigen, aber sehr individuellen und kreativen Lofts in Berlin oder Hamburg, machen eine Auszeit auf den Färöer-Inseln und haben mit relativ vielen Leuten relativ experimentellen Sex. Ich wohne im leicht versnobt-bourgeoisen Heidelberg mit völlig normalen Freunden in einer schönen Wohnung in der reichen Weststadt, habe keine Ambitionen auf ein Urlaubssemester, und wenn ich mit jemandem schlafe, dann ist das ziemlich normal, und meistens kenne ich den Betreffenden auch länger als drei Minuten und nicht von einem Holi-Festival. Habe ich also etwas verpasst? Vertue ich die experimentellsten Jahre meines Lebens damit, ziemlich normal zu sein? Ich war noch nicht einmal nachts nackt im Freibad, obwohl das immer noch meine klassische Vorstellung von »total wild und frei sein« ist. Nach jeder Neon versinke ich in einer leichten Lebenskrise. Einmal ging das so weit, dass ich schon verschiedene Adressen von landwirtschaftlichen Kommunen herausgesucht hatte, um dramatisch auszusteigen und in grobgestrickten Wollpullovern Äpfel mit meinen drei bis fünf Männern und meinen drei bis fünf Kindern zu pflücken.

Mit der Neon ist es immer ein bisschen so wie beim Video zum »Reckoning Song« von Asaf Avidan, nur mit Text. Also so, dass man sich immer fragt, ob man nicht lieber gerade mit Courtney-Love-Gedächtnisfrisur und einem Lederbustier zur Leggins mit verschmiertem Lippenstift und zwei zu allem bereiten Hipsterfreunden durch Kreuzberg tanzen sollte. Überhaupt, der »Reckoning Song«. Ich möchte den kennenlernen, der dieses Lied seit seinem Erscheinen 2012 hören kann, ohne leichte Depressionen zu entwickeln (dasselbe gilt für »We found love« von Rihanna und »Eiserner Steg« von Philipp Poisel). Besser kann man die Angst, etwas zu verpassen, die mich und alle, die ich kenne, ziemlich oft besucht, nicht in Worte fassen. Andererseits ist diese philosophische Melancholie, die mich bisher bei dem Lied – vor allem nach vier Weißweinschorlen – überkommen hat, inzwischen einem Grundärger gewichen, seit das Neunt-klässler-Philosophie-Video von Julia Engelmann letztes Jahr eine Woche lang unzählige Facebook-Nutzer, Stern-Abonnenten und Web.de-Leser zu Tränen rührte, obwohl die Message letztlich war, man solle doch mal wieder eine Nacht durchmachen.

Es hat jedenfalls gedauert, bis ich meine Minderwertig-keitskomplexe der Neon gegenüber in den Griff bekommen habe, aber inzwischen lese ich nur noch die »Deut-schen Geschichten« am Anfang.

In jedem Fall aber ist die Angst, etwas zu verpassen, eine große, wenn man in einer Studentenstadt wohnt. Überall ist dauernd irgendwas, und eigentlich könnte man ständig irgendwohin gehen. Theater und Kultur und so, und alle Kneipen haben offen, und selbst wenn's Montagabend ist, gäb's das Montagsquiz im Pub. In der öffentlichen Wahrnehmung sind Studenten oft vor allem auf Partys, und ein kleines bisschen stimmt das ja auch, zumindest, sofern man kein Pendler ist, der sowieso nach der letzten Vorlesung heimfährt. Es gibt einen wahnsin-nigen Wald von Partys und Partyflyern und Partyplaka-ten. Der Anfang einer jeden Studentenfeierkarriere sind die offiziellen Ersti-Partys vom Studentenwerk, die man sich allerdings sparen kann, wenn man kein Ersti ist, weil dort nur Erstis sind, die noch nicht wissen, dass man es sich sparen kann. Dann gibt es die Fachschaftspartys, die jedes Semester einem bestimmten Turnus folgen.

Die Sportlerparty ist in Heidelberg beispielsweise immer recht früh im Semester, die Histofete der Historiker in der Mitte, die MathPhysRom, die ihren leicht doofen Namen aus den daran beteiligten Instituten Mathe, Physik und Romanistik ableitet, auch. Das Ende des Wintersemesters markiert der Medizinerfasching. Fast jeder Studiengang veranstaltet seine eigenen Partys, von denen manche beliebter sind als andere, wobei mir das System hinter diesem Ranking nie wirklich klar wurde. Auf die Sportlerparty geht beispielsweise jeder gern, die Atlasfete der Geologen ist eher was für, wenn man sonst nix vorhat, und auf die Juraparty gehen nur Juristen, denn der Ehrenkodex aller Nichtjuristen verbietet es, an diesen Ralph-Lauren-Veranstaltungen teilzunehmen, ohne das Gesicht zu verlieren. Daneben gibt es natürlich noch die ganzen anderen Partys, die nicht direkt was mit der Uni zu tun haben, auf der aber auch nur Studenten sind. Die Hallengymnastik zum Beispiel, bei der man eine Eintrittsermäßigung bekommt, wenn man im Sportoutfit auftaucht. Die Silent Disco, bei der jeder Kopfhörer auf hat und sich verschiedene Musikstile einstellen kann. Ich dachte anfangs, das wäre total toll, aber ehrlich gesagt ist es noch viel toller, sich mit zwei bis fünf Freunden ohne Kopfhörer danebenzusetzen und zuzugucken, wie hundert Leute in einem stillen Raum sehr unterschiedlich zappeln. Und natürlich die Neunziger-Party. Ich glaube, die gibt's inzwischen überall. Was ist das mit den Neunzigern? Bis vor kurzem waren die noch das Jahrzehnt non grata, und dann kam ich einmal aus dem Urlaub zurück, und die Neunziger waren cool. Auch ich hab inzwischen wieder ein Regenbogen-Batik-T-Shirt. Ich hoffe allerdings schwer, dass jetzt nicht folgerichtig die frühen 2000er wiederkommen, sonst haben bald wieder alle diese schlimmen Tattoo-Kropfbänder an, die jeden Schwanenhals in einen dicken Stamm verwandeln.

In Heidelberg hat die monatliche Neunziger-Party jedenfalls eine Besonderheit (ob das in anderen Städten auch so ist, weiß ich nicht), die es möglich macht, eine Art soziologische Gesellschaftsentwicklungsstudie anhand von Musiktexten durchzuführen: Es gibt dort zwei Floors, einen mit Neunziger-Jahre-Musik und einen mit Liedern aus den 2000ern. Wenn man vom einen zum anderen wechselt, steigt die Libido gleich mit. Im einen singen die Spice Girls »Wannabe«, im anderen läuft 50 Cents »Candyshop«. Das, was im einen Raum Kreischen und Klatschen ist, ist im anderen Hintern kreisen lassen und mit dem Tanzpartner so weit wie möglich Richtung Boden sinken. »Get low« war als Standardtanz in den 2000ern Programm. Man muss aber dazu sagen, dass die 2000er Sex einfach wesentlich offener und mit mehr Besessenheit thematisierten. Die Neunziger-Lieder sind nur etwas subtiler. Das wurde mir spätestens klar, als ich Aqua mal »Barbie Girl« im Fernsehen performen sah. Bisher dachte ich, es ginge um Barbies, aber als Sänger und Sängerin respektive Barbie und Ken plötzlich Latexkostüme trugen und eine Peitsche eine Rolle spielte, dachte ich noch einmal über den Text nach. Auch Loonas »Boom boom boom« endet bekanntlich mit »I want you in my room«. Trotzdem war es von Loona zu »I lick you like a lollipop« ein beherzter Sprung. Und was dann plötzlich mit Enrique Iglesias passiert ist, der früher mal »Hero« sang und dann ganz unvermittelt bei »Tonight I'm fucking you« landete, das weiß wahrscheinlich keiner so richtig.

Ausgeschenkt wird auf sämtlichen Studentenpartys neben den normalen Partygetränken der in Heidelberg sowieso omnipräsente Melonenschnaps und in den letzten Jahren verstärkt Erdbeerlimes. Generell: Was ist das mit Alkohol und den Trinktrends? Hugo war so einer, erst gab es das nirgends und plötzlich überall und vor allem immer bei jedem »Mädelsabend«, und dann gab es ihn bei Aldi vorgepanscht in Flaschen. Dasselbe mit etwa einem halben Jahr Zeitverschiebung mit Aperol Spritz. Auch Cocktails unterliegen Trends. Als wir anfingen, Cocktails trinken zu gehen, weil wir frisch achtzehn geworden waren und es vor allem auch angesagter als heute war, Cocktails trinken zu gehen, tranken wir alle Caipi. Wer heute Caipi bestellt, wirkt, als hätte er den Schuss nicht gehört. Vor dieser Caipi-Zeit war die Jacky-Cola-Phase, und davor tranken wir eigentlich vor allem Corea – wie ich letztens gelernt hab, heißt das im Ruhrgebiet »Kalte Muschi« – also billige Cola mit billigem Tetrapack-Rotwein aus Plastikbechern auf Klassenpartys im Kleintierzüchtervereinsheim. Und noch zwei Jahre davor waren es Alkopops, die wir unter unseren Fila-Pullis zur Miss Sixty-Jeans auf die so called Kindergeburtstage in der siebten Klasse schmuggelten. Smirnoff Ice war dabei State of the Art, letzten Sommer hab ich das mal aus nostalgischen Gefühlen gekauft und mich gefragt, ob das damals auch schon so langweilig geschmeckt hat. Jedenfalls häuften sich damals die Zeitungsartikel in der FAZ, der Zeit und letztlich natürlich auch in der Bild über die gefährlichen Alkopops und die gefährdete Generation, die damit aufwuchs, dass Alkohol wie ziemlich schlechte Limonade schmeckt. Ich als Teil dieser gefährdeten Generation muss sagen, dass wir Alkopops doch gegen alle Erwartungen gut überstanden haben und letztlich dann doch wie alle davor und danach zu Bier und Cuba Libre bekehrt wurden.

Die Smirnoff-Zeit war trotzdem schön, auch wenn es natürlich nie schön ist, vierzehn zu sein und seltsame Proportionen und zu große Zähne für ein noch zu kleines Gesicht zu haben. Dieser Sommer 2000 riecht für mich nach Impulse Vanille, ein Deo, das damals jedes Mädchen benutzte, das ich kannte, und das sehr süß riecht und gleichzeitig überhaupt nicht wirkt, was ein fatales Ergebnis nach sich zieht. Nach diesem Sommer war Smirnoff weg, weil wir entdeckt hatten, dass es auch noch andere und leckerere Möglichkeiten gibt, voll wie eine Haubitze zu werden. Corea zum Beispiel. Wodka-Brause verdanke ich meinen ersten Kuss, Wodka-O meinen ersten Sex, beides war, das kann man sich unter diesen Umständen vorstellen, nicht besonders erinnerungswürdig und eher peinlich. Aber Wodka-O wurde in den Jahren zwischen 2003 und 2007 zum Standardgetränk. Bushido presste später mit der Liedzeile »Wenn wir kommen, dann gibt es Wodka-O« das Trinkgefühl einer ganzen Generation in einen Satz. Heute züchtet er vor allem Fusselbärte – barttechnisch der deutsche Brad Pitt.

Der exzessive Alkoholkonsum ist ja angeblich auch eine Erscheinung unserer Generation, keine Sat.1-Doku kommt ohne »Komasaufen«-Berichte aus. Ich weiß nicht, ob das wirklich stimmt. Ich glaube eher, dass der Eindruck der trinkenden Generation dadurch entstanden ist, dass nicht mehr fünfzig Prozent der Jugendlichen tranken, sondern jetzt eben hundert. Die Mädchen zogen plötzlich mit den Jungs mit und teilweise mit dem Jelly-shot an der Kehle an ihnen vorbei.

Auch ich kippte im Vorgarten meiner Eltern um. Auch ich habe noch nie Looping Louie nüchtern gespielt. Aber ich wüsste gerne, wer es mal zum Trinkspiel erhoben hat, einen batteriebetriebenen Plastikflieger monoton surrend Hühner abschießen zu lassen. Warum wurden Traumtelefon oder Max Mümmelmann, immerhin Spiele unserer Kindheit, keine Trinkspiele? Ich weiß nicht, wo eigentlich die Grenze ist: In welchem Alter wechselt man von »halt mir die Haare hoch, ich muss kotzen« zu »ach, so einen Pinot Noir sollte man langsam auf der Zunge rollen«? Vor zwei Wochen habe ich sonntagmorgens um elf nach einer langen Nacht voller rosa Rhabarber-Wodka in eine mit Familien gespickte Bimmelbahn gekotzt. Es fühlte sich nicht altersadäquat an.

Etwas, was mich tatsächlich nervt und wirklich in unserer Jugend entstand, ist aber das Vorglühen. Auf StudiVZ gab es einst 29 381 Variationen des »Ich glühe härter vor, als du Party machst«, und schon die schier überwältigende Mitgliederzahl dieser Gruppen zeigt, wie sehr das Vorglühen in die Mitte der U-30-Gesellschaft vorgedrungen ist. Sinn des Vorglühens war es, zumindest in meinem Teeniefreundeskreis, dass man zwar an dem Abend unbedingt betrunken sein möchte, man allerdings weiß, dass man später in der Disco ziemlich viel für seinen Wodka-O oder seinen – in meiner Abizeit ein Pflichtgetränk – Wodka-Bull bezahlen würde. Deswegen traf man sich vorher, um sich mit billigem Alkohol von Aldi auf einen gewissen Pegel zu trinken, der dann in der Disco nur noch ein bis zwei Getränke bis zum Filmriss nötig werden ließ. Inzwischen ist das nicht mehr unbedingt das Ziel, wenn man sich zum Vorglühen irgendwo trifft. Da sitzt man eher in irgendeiner WG kultiviert am Küchentisch, redet und trinkt ein bisschen ... Aperol Spritz oder so. Das ist inzwischen nötig, weil durch die jahrelange Vorglüherei leider die Partyveranstalter sämtlicher Clubs den Beginn der Veranstaltungen immer weiter nach hinten gelegt haben. Früher konnte man um halb elf getrost im Club auftauchen, und die Tanzfläche war schon voll. Ich habe meine Eltern gefragt: In den späten Siebzigern ging das sogar schon um neun. Durch die Jahre des stundenlangen Vortrinkens bei irgendwem daheim hat sich alles mindestens drei Stunden nach hinten verschoben. Jetzt muss man die Zeit bis frühestens halb eins absitzen, bis irgendwo tatsächlich etwas los ist und man nicht etwas beklommen mit fünf anderen auf einer ansonsten leeren Tanzfläche hampelt. Dadurch verschiebt sich natürlich auch das Heimgehen nach hinten, denn man ist ja gerade erst gekommen. Also gehen alle erst um sechs anstatt wie früher um zwei (Ted Mosby knows: Nothing good happens after 2 a.m.!) und sind dementsprechend am nächsten Tag länger nicht wach. Ich bin gegen diese Entwicklung, ich habe keine Lust mehr heimzugehen, wenn andere schon im Anzug mit Aktenkoffer wieder zur Arbeit fahren, sondern ich möchte nachts, in der Dunkelheit und bei Mondschein kichernd durch die Straßen ziehen, auf dem Weg nach Hause und nach einem langen durchtanzten Abend. Aber die Gesellschaft lässt mich nicht.

WG-Partys, die andere Studentenpartyform, sind mit das Schönste am Studieren. Ich liebe es, mir eine Flasche Schöfferhofer Grape aus der Badewanne zu holen, stehe sehr auf unkontrollierte Tänze auf fremden Fluren und finde, dass man nirgends bessere Gespräche hat als in WG-Küchen nachts um halb vier, wenn der Boden schon klebt und auf dem improvisierten Buffet der Marmorkuchen in Rotweinpfützen ertrinkt. Noch lieber, auch wenn sich hier die Geister scheiden, sind mir Motto-WG-Partys. Ich war unter anderem schon die Raffaello-

Werbefrau, ein schwedisches Blumenmädchen, die Gold-marie und Europa (blaues Ballkleid, selbstgebastelte Ster-nenkrone). In der Bahn auf dem Weg zur jeweiligen Party halte ich immer sehr offensichtlich eine Flasche Sekt vor mich, damit mich jeder als jemanden erkennt, der auf dem Weg zu einer Party ist, und nicht für jemanden hält, der im Park mit den Tauben spricht. Ich liebe WG-Partys und hasse WG-Partys. Auf keiner anderen Veranstal-tungsart habe ich mich schon so gehenlassen. Leider lässt das private Wohnumfeld solcher Partys nämlich sehr leicht den Eindruck entstehen, in einem intimen Rahmen zu sein. Ich habe dort sehr oft gekotzt, sehr oft aus sehr verschiedenen Gründen geweint (und leider gehöre ich nicht zu den Menschen, die schön weinen) und mich ganz schön oft danebenbenommen. Einmal ist es mir auf einer WG-Party sogar gelungen, mir selbst ein Blind Date zu organisieren. Ich war sehr, sehr betrunken an diesem Abend und dadurch natürlich noch eine von den Letzten, die um halb fünf auf der Couch im schummrig beleuch-teten Wohnzimmer saßen, denn Betrunkene gehen ja meistens als Letztes, weil Betrunkensein wach macht und ganz bestimmt noch was Spannendes passiert. Neben mir saß Sebastian, den ich im gedämpften Licht offenbar sehr ansprechend fand, so ansprechend, dass ich ihm sogar nach drei Minuten mein Bankpasswort verriet, weil ich es so witzig fand. Finde. Ich bin immer noch stolz auf dieses Passwort. Jedenfalls tauschten wir Nummern und verab-redeten uns für den nächsten Tag auf dem Heidelberger

Weihnachtsmarkt. Am nächsten Vormittag wusste ich davon absolut nichts mehr und konnte mich nicht mehr an Sebastian erinnern, als er mich anrief, um den genauen Treffpunkt auszumachen. Ich ging trotzdem hin, immerhin schien ich ja in der Nacht davor Gefallen an ihm gefunden zu haben, so schräg konnte er ja nicht sein. Was soll ich sagen: Er konnte. Ich weiß jetzt endgültig, dass ich unter Alkoholeinfluss einen furchtbaren Männergeschmack habe. Sebastian war klein, hatte eine beginnende Glatze, war Physikdoktorand, machte gehässige Witze und war wirklich sehr, sehr langweilig.

Das ist das Problem mit Alkohol und der Flirterei. Je betrunkener, desto williger, aber gleichzeitig desto peinlicher. Allerdings heißt das nicht, dass jede Studentenparty in verruchten Ecken endet. Erst neulich las ich im Zeitmagazin ein Interview mit einem Sexualforscher. Er sagte, dass in Deutschland 95 Prozent der Sexualakte auf Menschen in monogamen, festen Beziehungen entfallen. Nur fünf Prozent des deutschen Sex fällt für die immer größer werdende Gruppe der Singles ab. Das heißt im Klartext: Alle Frauenzeitschriften – und die GQ – lügen in jeder Ausgabe auf infame Weise, wenn sie ihren Lesern mal wieder das Gefühl geben, jeder außer ihnen hätte jedes Wochenende aufregende Abenteuer mit gutaussehenden Fremden. Ich kann das bestätigen, von mir selber, und wenn ich mich in meinem Freundeskreis umgucke. Ich kenne insgesamt genau drei Leute, von denen ich sicher weiß, dass sie tatsächlich ein GQ-Leben führen, und zwei dieser Leute sind – yaaay, Klischee – schwul. Der Rest der mir bekannten Singles hat einmal im Schaltjahr einen recht peinlichen Absturz mit irgendwem vom Medizinerfasching und ansonsten ab und zu etwas steife Dates, aus denen meistens nix wird. Auch in meinen vierzehn Semestern blieb die Anzahl an aufregenden One-Night-Stands nach rauschenden Partys weit hinter der Erwartung diverser Vice-Artikel zurück. So viel zu Studenten und Sex, es gibt dazu eben viel weniger zu sagen, als die Gesellschaft und meine Oma annehmen.

»Sie können Ihren Schein ab jetzt in der Institutsbibliothek abholen«

Die Uni ist voller Formalitäten. Das beginnt mit der Immatrikulation, dem ersten Formular, das man in seinem Uni-Leben ausfüllt, und endet mit der Exmatrikulation, und dazwischen liegen viele, viele, viele Unterschriften und beglaubigte Zeugnisse. An der Uni Heidelberg werden die Scheine, also die Nachweise für die abgehakten Seminare, oft noch in Papierform ausgehändigt und dann feinsäuberlich in das Studienbuch abgeheftet, ein grünes DinA4-Heft, das jeder Ersti zusammen mit seiner Immatrikulationsbescheinigung bekommt. So sollte es jedenfalls sein. In der Realität legt man natürlich den Schein, kaum ist die Dozententinte darauf getrocknet, irgendwo in seinen Schreibblock und vergisst sofort, dass man ihn da hineingelegt hat. Irgendwann, drei Semester später, wenn man beim Fachstudienberater sitzt, der einem mal wieder ein »Transcript of Records« (Tabelle, die sagt, was man bisher so alles gemacht hat) ausstellen soll für Erasmus/neue Uni/Stipendium/Masterplatz, fällt auf, dass da ein Schein fehlt. Man wird schreckensbleich und fängt an, dem fraglichen damaligen

Dozenten hinterherzumailen und ihn anzubetteln, noch mal einen Schein auszustellen. Der ist aber inzwischen für ein Forschungssemester in Reykjavik, und alles ist scheiße. Ich dachte auch mindestens viermal, ich hätte mein gesamtes Studienbuch verloren und müsste komplett noch mal von vorne studieren. Geträumt habe ich sogar davon. Ich wäre dafür, dass in Heidelberg auch endlich das digitale Zeitalter ankommt. Was in Online-Tabellen steht, kann wenigstens nicht aus Versehen im Papiermüll landen.

Ein absoluter Wahnsinn ist der Formularmarathon, den angehende Lehrer auf sich nehmen müssen, was ich mehrmals in meinem Freundeskreis mitbekommen habe. Neben den tausend Leistungsnachweisen und Prüfungszeugnissen gibt es da noch das polizeiliche Führungszeugnis, das amtsärztliche Gesundheitszeugnis, den Lebenslauf und das Motivationsschreiben – handschriftlich, wegen eventueller Handschriftenforscher, die da noch mal auf der Suche nach gefährlichen Persönlichkeitsmerkmalen drübergucken wollen. Dagegen ist das, was man bei einer Promotionsanmeldung vorlegen muss, ein Witz.

Es gibt Dinge, die stellt man sich im Vorhinein spektakulärer vor, als sie dann tatsächlich sind. Der erste Schultag, der erste Sex, das Abi – und Doktorand werden. Es ist ja sowieso so etwas mit den Doktortiteln. Ich schwöre hiermit, dass ich meinen nicht für Selbstaufplusterungsmomente benutzen werde, und hoffe, mich daran zu halten. Affige Momente, den Titel auszupacken, finde ich: Klingelschilder, Selbstvorstellungen – und Gemeindebriefe. Ich kenne einen promovierten Pfarrer, der tatsächlich jeden an seine Schäfchen gerichteten Text – und wenn es nur um das örtliche Kindergartenfest geht – mit Titel unterschreibt. Auf der Homepage benennt er sich selbst, der eben erst einen Magister und dann eine Promotion absolviert hat, mit Dr. Dirk Leiser M. A. Demnach wäre ich Dr. M. A. B. A. Ich meine, da muss einem doch was auffallen.

Ich stellte es mir jedenfalls wahnsinnig hürdenreich und aufregend vor, eine Promotion anzufangen, so surreal und abgehoben, weil Doktorarbeiten schreiben ja irgendwie immer nur die anderen. Es ist auch nicht so, als hätte ich das schon immer unbedingt vorgehabt, aber in Kunstgeschichte ist es wie in Bio oder Chemie: Entweder du promovierst, oder du sortierst im Rewe die Regale ein. Es war also klar, um den Doktor komme ich nicht herum. Ich war deswegen, nachdem ich mein Masterzeugnis endlich hatte, total aufgekratzt und wusste gar nicht richtig, was jetzt als Erstes passieren musste. Am sinnvollsten kam es mir vor, mir einen Doktorvater zu suchen. Das Wort klang für mich nach bahnbrechender Forschung und stundenlangen freundschaftlich-väterlichen Fachdiskussionen bei teurem französischem Rotwein. Ich kenne Leute, die extra bei demjenigen, den sie sich dereinst als Doktorvater vorstellen, jahrelang als Hiwi schleimen und jede seiner Publikationen lesen. Das hatte ich schon mal alles verpasst und konnte es auch nicht nachholen. Ob mich also überhaupt einer annehmen würde? Ich ging sehr aufgeregt in die Sprechstunde meines hoffentlich, hoffentlich zukünftigen Doktorvaters und fragte ihn nervös und umständlich, ob er sich denn vorstellen könnte, meine Arbeit zu betreuen. Er schaute mich desinteressiert an und sagte: »Joa.« Das war's. Ich hatte mit »Joa« einen Doktorvater. Das erinnerte mich an die Szene in Sex and the City, als Trey zu Charlottes Heiratsantrag »Okidoki« sagt. Die nächste Ernüchterung kam, als ich mein Exposé schrieb und abgeben musste. Überall im Internet stand, man solle sich für das Schreiben eines Doktor-Exposés, also der Beschreibung, worum es in der Arbeit gehen soll, drei Monate lang Zeit nehmen. Ich hatte keine Lust und schrieb an einem verregneten Novembernachmittag einfach drei Seiten irgendwas. Als ich dann im Dekanat stand, um das Exposé vorzulegen, aufgrund dessen über meine Annahme oder Ablehnung als Doktorandin entschieden werden sollte, wie die Prüfungsordnung vollmundig verkündete, war ich froh, keine drei Monate damit verschwendet zu haben. Denn die Frau vom Dekanat warf nur einen Blick darauf, blätterte ohne zu lesen einmal die drei Seiten um und siegelte mir meine Annahme. Inzwischen würde es mich nicht mehr wundern, wenn bei meiner mündlichen Prüfung anstelle meines Doktorvaters der Hiwi kommt.

Ich konnte sowieso froh sein, dass ich überhaupt mal jemanden im Dekanat traf, denn die Bürozeiten sämtlicher Uni-Behörden sind ein Witz. Montag bis Donnerstag von 10–12 Uhr. Wenn man sich überlegt, wie viele Studenten und wie viele Studentenfragen es gibt, dann kann man sich vorstellen, dass in diesen acht Stunden pro Woche ganz schön viele Leute da rumstehen und versuchen, zwischen zehn und zwölf irgendwie dranzukommen. Für mich ist es ein ungelöstes Rätsel, was die Angestellten mit den restlichen 32 Stunden ihrer normalen Bürowoche anfangen, und deswegen male ich mir, wenn ich mal wieder wütend vor der wegen Urlaub/ unvorhergesehener Ereignisse/keine Lust geschlossenen Prüfungsamtstür stehe, aus, wie sie hinter dieser Tür mit Partyhütchen und bunten Cocktails kichernd meinem verzweifelten Klopfen zuprosten (an dieser Stelle einen Gruß an den tatsächlich sehr netten Herrn Klein vom Heidelberger Prüfungsamt, den ich hier von allen bösen Hütchenunterstellungen ausnehmen möchte).

Ein Thema, das auch mit Studieren und Formularen zusammenhängt und manchmal – auf dem Bafög-Schreibtisch – durch sie gelöst wird, ist Geld. Geld ist ja traditionell ein großes Thema im Studentenkosmos, und auch ich habe Geiz gelernt in den letzten vierzehn Semestern. Vice schrieb vor einiger Zeit einen Artikel über Dinge, für die man als Student nichts zahlen sollte. Darin wurde unter anderem zum Prellen des Taxifahrers (asozial), Klauen von Klopapier in Restauranttoiletten (übertrieben) und zum Eintrittsstempelabmalen geraten, was meiner Erfahrung nach besser, aber auch intim-ekliger, mit Spucke drauf und dann Arm gegen Arm drücken funktioniert. Aber in einem hat der Artikel recht, nämlich in der Grundannahme, dass Studenten meistens irgendwie kein Geld haben. Ich bin Einzel- und Lehrerkind, ich bekomme demnach kein Bafög und kann dank meiner Eltern und meines 450-Euro-Nebenjobs gut leben. Damit stehe ich auf der Sonnenseite. Wer mehr als zwei Geschwister hat oder Eltern, die nicht gerade ein doppeltes Beamtengehalt bekommen, der muss ran: Bafögbeantragungen mit 349 283 geforderten Bescheinigungen, bevor man dann doch nur 250 Euro bewilligt bekommt, Studentenkredite, die sowieso nur die in den Damit-verdient-man-traditionell-gut-Studiengängen bekommen (Medizin), oder Nebenjobs, die nicht nur Neben- sondern irgendwie Vollzeitjobs sind, weil man sonst nicht im Alleingang Miete, Essen, Semesterticket und Uni-Gebühren bezahlen kann, geschweige denn Kino, Bücher, Partyeintritte und die Frigide Uschi im Shooters (Ja, Shooters ist nicht die niveauvollste und individuellste Adresse, aber wer einmal von Uschi gekostet hat, der huscht immer wieder hinein). Wer arbeitet, bekommt das Bafög gekürzt, wer Bafög-Höchstsatz bekommt, zahlt nach dem Studium erst mal Schulden ab. Es gibt Länder, in denen geht es allen wesentlich schlechter, das ist mir klar, aber trotzdem ist man spätestens nach dem 25. Geburtstag (kein Kindergeld, höhere Krankenversicherung) irgendwie nicht mehr besonders fröhlich, wenn man sich mal wieder trotz größter Lust die Kirschen für drei Euro verkneift, während die Freundin, die nach dem Abi eine Ausbildung zur Reiseverkehrskauffrau gemacht hat, inzwischen ihr zweites Auto kauft. Jaja, es gibt Studentenrabatte, aber auch die sind nicht wirklich durchschaubar. Das Heidelberger Freibad beispielsweise gewährt Studentenrabatte unabhängig davon, ob man noch Student ist, generell nur bis 24. Wer danach noch an der Uni ist, für den hat sich, nach der Logik der Stadtverwaltung, die finanzielle Situation wie durch ein Wunder geändert.

Ein anderer Dauerbrenner beim Thema »Student sein, und alles wird teurer« ist – zumindest in Heidelberg – das Semesterticket. Dieses Ticket erlaubt es mir, in einem ziemlich großen Radius, also etwa zwischen Heidelberg und Darmstadt, in allem zu fahren, das kein »I« oder »C« in der Bezeichnung trägt. Dafür zahle ich momentan 150 Euro. Als ich hier anfing, waren es 50 Euro weniger. Da ich noch das Anschlussticket brauchte, um zu meinen Eltern oder generell mal nach Hause fahren zu können, bezahle ich jedes Semester mehr als 250 Euro. Der Grund, warum ich nicht genau sagen kann, wie viel ich bezahle, ist der, dass der Preis in absolut berechenbarer Regelmäßigkeit jedes Semester angehoben wird. Nach oben gibt es da keine Grenze, ich bin sehr gespannt, wie viel ein Semesterticket hier kostet, wenn dereinst meine Kinder oder sonst wer, der jetzt noch nicht geboren oder zumindest noch sehr klein ist, hier studiert. Ich wollte es mal ausrechnen, habe es aber aus Talentmangel aufgegeben, ausgerechnet als ich in der Schlange zur Hochschulpolitik-Wahl stand. Hochschulpolitik ist etwas, das mir seit vierzehn Semestern sehr verschlossen ist, was unter anderem an meinem generellen und meinetwegen beschämenden Desinteresse an Kommunalpolitik liegt. Ja, es ist mir egal, ob es einen Veggietag in der Mensa gibt oder einen allgemeinen Aufenthaltsraum im Uni-Gebäude. Aber es liegt auch daran, dass ich keinen einzigen Menschen kenne, der sich darin engagiert. Darum schauen mich auf den Wahlplakaten regelmäßig fremde Jura-/Politik-/Medizin-Studenten an, die möchten, dass ich sie wähle. Mein Freund Robin zwingt mich regelmäßig zu diesen Wahlen, weil er das moralisch richtig findet. Ich quengle dann immer eine halbe Stunde in der Schlange vor der Wahlzettelausgabe und wähle dann die mit den lustigsten Nachnamen.

Man braucht also Geld, und wenn man kein Bafög kriegt, dann bleibt zuerst mal nur der Nebenjob.

Haben eigentlich andere Leute auch so viele Freunde, die irgendwie ihr gesamtes Studium keinen Nebenjob hatten? Denkt mal genauer drüber nach, ich finde, es fallen einem erschreckend viele ein, wenn man mal drauf achtet. In meinem Freundeskreis gibt es eine Menge Menschen, die schlauer waren als ich und von Anfang an von irgendeiner politischen Stiftung ordentlich Geld für den Erwerb mehrerer Hipster-Klappräder und Mate-Tee-Gläser bekamen. Es gibt aber natürlich trotzdem die hart arbeitende Bevölkerung auch unter Studenten. Ich selbst würde mich da vielleicht bei »arbeitend ohne hart«

eingruppieren. Mein erster Nebenjob war beim Kinderferienspaß. Fünfundvierzig krähende Grundschulkinder mit Mandarinenduft-Radiergummis und Käse-Vollkornbrot in Lillifee-Tupperdosen. Ich wünschte, ich könnte sagen, dass ich pädagogisch hochwertvolle Arbeit geleistet habe, aber wenn ich ehrlich sein soll, spielte ich pro Tag etwa fünfeinhalb Stunden das Brettspiel »Halali«, und in der letzten halben Stunde nahm ich Junias und Lazlo regelmäßig die nackten Barbies ab, mit denen sie einer verstört-faszinierten Schar Erstklässler auf erschreckend kreative Weise pornographische Stücke darboten. Nachdem ein Mädchen namens Leandra mich eine ganze Woche mehrmals in der Stunde fragte, wieso ich so eine große Nase hätte, fehlte mir irgendwie in den nächsten Schulferien die nötige Begeisterung, und ich suchte mir etwas anderes. Im Studium habe ich zwei Jahre in einem Verlag gejobbt, der Bücher für Unternehmensberatungen verlegt, und weiß jetzt vor allem, dass ich niemals bei Unternehmensberatungen arbeiten möchte, weil ich die Worte »Benchmark«, »Briefing« und »Executive Producer of the Board« nicht sagen kann, ohne hysterisch zu grinsen. Inzwischen arbeite ich in einem Archiv und sortiere Akten vor mich hin und bin damit ganz zufrieden.

Ich bin dankbar für meine Nebenjobkarriere, die mich vor den Klassikern Kellnern und Nachhilfe gerettet hat. Beim Kellnern in einer Studentenstadt ist das Deprimierendste, dass ja an jeder Ecke einer lauert, der den Job auch machen würde. Darum kann man als Café-Besitzer in Heidelberg, Göttingen oder Freiburg eigentlich alles von seinem Personal verlangen: Löhne, die für ein halbes KitKat reichen, spontane Sonderschichten, Hasenöhrchen tragen, Flickflack schlagen und dazu kanadische Volksweisen singen. Alles drin. Wenn du's nicht machst, ist in drei Minuten jemand mit noch weniger Stolz gefunden, der sich drum reißt.

Nachhilfe, der andere Klassiker, ist in meinem Studentenfreundeskreis weitverbreitet. Mein Freund Julian hat inzwischen eine ganze Sammlung von liebevoll gespeicherten denkwürdigen Mailboxnachrichten von Eltern, die seine Dienste in Anspruch nehmen wollen. Weil wir in Heidelberg sind und Julian stolze Preise nimmt, kommen diese Anrufe meist eher aus den Nobelvierteln und hören sich auch so an. Meine Lieblings-Mailboxnachricht geht so (ich habe nichts davon erfunden): »Guten Abend Herr Becker, hier spricht Prof. Dr. Gunther Mastgans-Zott. Ich ersuche Sie anlässlich der unbefriedigenden Leistungen meiner Tochter Aurora-Marie in einfacher Algebra. Gelegen wäre meiner Frau, Dr. Irma Mastgans-Zott, der späte Mittwochnachmittag im zweiwöchentlichen Turnus. Um Antwort bis Ende der Woche ist hiermit gebeten.«

Ach, Nachhilfe stell ich mir eigentlich schön vor: Leuchtenden Kinderäuglein binomische Formeln erklären, gemeinsam erlöst lächelnd Physikversuche verständlich nachbauen, dankbare Briefe von glücklichen Eltern bekommen. So weit die Theorie. Die Berichte von Julian, die von arroganten Fünftklässlern, Drohanrufen, weil der minderbegabte Sprössling nicht drei Wochen nach Nachhilfebeginn plötzlich für den Scheffelpreis vorgeschlagen wurde, und einbehaltener Bezahlung, die man aber leider nicht einfordern kann, weil man das Ganze ja schwarz macht, handeln, möchte ich dabei eher in das Reich der Phantasie verweisen. Leider kann ich nichts, was bei Nachhilfe gefragt wäre, also diese ganzen richtigen Sachen wie Latein und Mathe und Physik und Chemie. Nachhilfe in meinen ehemaligen Lieblingsfächern Mitarbeitsverweigerung, Beim-Schulbäcker-Drängeln und Heimlich-Briefchen-Schreiben braucht leider keiner.

Um den Studentenjob-Klassiker, eine Hiwi-Stelle, habe ich mich nie bemüht und sogar die ausgeschlagen, die mir von Hiwi-Freunden angetragen wurden. Irgendwie habe ich eine Hiwi-Sperre. »Hiwi« ist nicht umsonst ein bisschen ein Schimpfwort. Hiwis sind eine eigene Spezies an der Uni. Sie stechen ein Zehntel mehr aus der Herde heraus als andere: Der Dozent, dessen Hiwi sie sind, kennt sie immerhin mit Namen, und vielleicht duzt er sie sogar. Das verleiht ihnen in ganz gewöhnlichen Vorlesungen etwas Glanz, wenn der Dozent durch den Saal ruft: »Thorsten, hast du die Powerpoint-Präsentation schon hochgeladen?«, während der Rest eine gesichtslose Masse bleibt. Gleichzeitig sind sie in der unerbittlichen Uni-Hierarchie ganz tief unten, nach ihnen kommt keiner mehr. Der Mittelbau, der von den Lehrstuhlinhabern belächelt wird, muss ja auch seinerseits jemanden belächeln können, und das sind die Hiwis. Es gibt Dozenten, die ihre Hiwis gut behandeln, und dann gibt es diesen Typ männlicher Dozent, der ausschließlich blonde Mädchen im Rock einstellt. Die Hälfte der Kunstgeschichtsprofessoren gehört in die letztere Kategorie, die Hiwis sind alle immer blond, schlank und sehr schick angezogen (Bluse, Pencilskirt, runde Echtlederpumps mit vernünftigem Blockabsatz).

Und dann gibt's die Dozenten, die sich hiwitechnisch alles erlauben. Die ihre Hiwis die Seminararbeiten korrigieren und benoten lassen und unter von Hiwis verfasste Artikel ihren eigenen Namen setzen. Ich kannte mal einen, der verlangte, dass seine Hiwis in den Semesterferien selbst die längsten Strecken anreisten, um seine Büropflanze zu gießen. Einem Germanistikprofessor, der vor allem in Kategorie zwei und drei fällt, hat vor drei Semestern ein anonym gebliebener Hiwi über den Laptop gepinkelt. Ich bin mir sicher, der Täter hatte gute Gründe. Vor einiger Zeit bewarb sich eine Freundin von mir um eine Hiwi-Stelle. Der Dozent, der das Bewerbungsgespräch führte, schimpfte in ihrem Beisein über einen wackeligen Türgriff mit den Worten: »Die Knechte sollen das mal lieber schnell in Ordnung bringen«, und nickte mit dem Kopf zu den anderen schon eingestellten Hiwis hinüber. Das sagt irgendwie alles.

Es hat natürlich auch Vorteile, Hiwi zu sein. Beispielsweise, wenn der Dozent sehr nett ist. Oder wenn man Schlüssel zu verschiedenen Uni-Räumen hat, zu denen die meisten keinen Schlüssel haben. Schon im ersten Semester wurde mir die Geschichte von einem sehr gutaussehenden Hiwi erzählt, der erfolgreich Ersti-Mädels auf dem Hexenturm vernascht, dem einzigen erhaltenen Stadtmauerturm Heidelbergs direkt auf dem Uni-Gelände. Dazu hätte er keine Gelegenheit gehabt, wäre er kein schlüsselbesitzender Hiwi gewesen. Es ist wie alles: Licht und Schatten gibt es immer.

Ich war also nie Hiwi, weil ich Angst vor der Büropflanzengießerei hatte, habe aber dafür versucht, an die glamourösere Geldquelle im Vergleich zu langweiligen Nebenjobs zu gelangen, nämlich an Stipendien. Das hat auch wieder viel mit Formularen zu tun, und hier schließt sich darum thematisch der Kreis.

Ich bewarb mich für ein Promotionsstipendium, reichte Exposés und Zeitpläne und Motivationsschreiben ein und wäre, jedenfalls wenn die Institutsgerüchte stimmen, zumindest einmal fast genommen worden. Auch wenn es bei mir nicht geklappt hat: Ich kenne einen Haufen Menschen, die Stipendien haben, manche für das ganze Studium, manche zumindest fürs Auslandssemester. Trotzdem werden jährlich haufenweise Stipendien nicht vergeben, weil wahrscheinlich jeder denkt, Stipendien kriegen nur die anderen. Man muss nicht unbedingt Jahrgangsbester sein, um eines zu bekommen. Man kann auch Frau sein oder alleinerziehend oder religiös oder in der CDU (allerdings unwahrscheinlich, dass man alles zusammen ist) – alles Gründe, eines zu bekommen. Bewerbt euch, würde ich gerne denen im frisch bedruckten Abi-Shirt zurufen, weil es mir damals keiner zugerufen hat und ich deswegen erst im elften Semester auf die Idee kam. Das zweite Stipendium – ich sag's gleich vorneweg, dass auch daraus nichts wurde, aber der olympische Gedanke zählt – war eines für vier Wochen Cambridge, und die Bewerbung hab ich eigentlich sowieso nur zum Spaß abgeschickt, wobei ich schon zugeben muss, dass seit meinem kindlichen Faible für Enid Blytons englische Internatsgeschichten und zu vielen in Oxford spielenden Krimis von Elizabeth George, das schon so ein kleiner Lebenstraum gewesen wäre. Ich bewarb mich also in der Cambridgestipendiumsvergabestelle Heidelbergs unter angegebener Adresse und schrieb so viele Prof.s, Dr.s und hc.s auf den Briefumschlag, dass ich eine zweite Zeile aufmachen musste. Ich habe noch nie etwas an jemanden adressiert, der seine Titelgeilheit offensichtlicher gemacht hat. Das ist generell eine leichte Schieflage an der Uni, dass zwar jeder Dozent mindestens irgendeinen Titel hat, aber nie klar ist, wer welchen Wert darauf legt. Manche finden es unverschämt, wenn man nicht jeden jemals errungenen Ehrendoktor in der Mail-Anrede aufzählt, andere denken »Schleimer«, wenn man es macht. Ich habe mich mit mir selber sehr früh darauf geeinigt, einfach bei jedem alles wegzulassen, fahre gut damit und fühle mich weniger so, als würde ich im Arsch desjenigen stecken. Es ist nämlich so, dass man in den Mails an Dozenten ja sowieso schon immer ausgesucht höflich und wahnsinnig verständnisvoll ist, auch wenn die Korrektur der Arbeit seit drei Semestern überfällig ist oder sich mal wieder jemand erst nach fünf Mails überhaupt zu einer Antwort herablässt. Generell etwas, das immer wieder schwierig ist, diese Mails an Dozenten. Titel dazu oder nicht? Sind wir noch bei »Sehr geehrter« oder schon bei »Lieber«? Es gibt Leute, die fangen Mails an ehrwürdig ergraute Professoren mit »Hey« an und streuen Smileys ein.

Eine Freundin von mir begann eines Tages eine Mail an Prof. Hirsch mit »Hallo« und vergaß dann das »Herr«. »Hallo Hirsch« ist heute noch ein Smashhit bei allen Studentenpannenerzählrunden.

»Tragen Sie doch bitte das ausgestopfte Murmeltier in die Kinder-Kunsthalle«

Das Praktikum ist die Währung, mit der man handelt, wenn man unter dreißig ist. Jeder macht welche, also kann man sich durch das bloße Vorhandensein im Lebenslauf nicht mehr abheben. Jetzt kommt es darauf an, ob man auf Qualität oder Quantität setzt. Ich kenne Leute, die in allen Semesterferien ein Praktikum gemacht haben. Bei zehn Mastersemestern kommt da einiges zusammen. Die, die auf Qualität setzen, bemühen Beziehungen und schreiben Hochglanz-Bewerbungen, wo andere nur ein Foto aus der Galeria Kaufhof Fotoabteilung auf ein Blatt kleben. Sie machen dann ein Praktikum bei Swarovski oder bei Goldman Sachs oder bei Nestlé, um Beispiele aus meinem Bekanntenkreis aufzuzählen. Aber egal, ob man sein Praktikum bei Unilever oder bei Papas Cousin macht: Zwischen dem Einstandssekt und dem Ausstandskuchen ist man eigentlich überall einfach eher der Depp. Man ist der, der früh kommt und spät geht und dazwischen möglichst stupide Dinge macht, um die sich die Mitarbeiter schon seit Wochen herumgedrückt haben.

Meine Mitbewohnerin Sarah hatte mal eine Praktikums-
chefin, die mehrfach unverhohlen darauf hinwies, dass sie
die folgende Aufgabe so blöd findet, dass sie sie selber
nicht machen will. Meine Cousine Jana fuhr sechs Wochen den ganzen Tag im Amtsgericht mit dem Aufzug
zwischen Wasserspender und Büro hin und her, weil sie
keine Aufgaben bekam. Ich habe mal vier Wochen Lebensmittelmarken aus dem Zweiten Weltkrieg abgelegt.

Denn auch ich habe natürlich Praktika gemacht, allerdings nur mickrige zwei. Eines in der Museumspädagogik, eines im Archiv. Vor allem das Museumspädagogik-
praktikum war sehr eindrücklich. Ich setzte mich schon
am Anfang ins Fettnäpfchen, als ich die Sekretärin, über
die die Bewerbung gegangen war und die mir nun an meinem ersten Tag meinen Wochenplan der Kinderkurse
aushändigte, fragte, ob sie sich denn auch für Kunst inter-
essiere. Es stellte sich heraus, dass sie einen Magister
in Kunstgeschichte hatte. Seit dem Tag teilte sie mich –
ich beschwöre das – extra in die frühesten Morgenkurse
ein, und ich hatte das gruselige Gefühl, in meine Zukunft
blicken zu können, in der ich eines Tages ebenfalls von
rotzfrechen Fünftsemestern gefragt werden würde, ob
ich denn auch die Mona Lisa kenne. Auch der Rest des
Praktikums führte mir die Bedeutung meines Idealismus,
mich aus Interesse und nicht aus rückgratloser finanziel-
ler Absicherung für mein Studienfach entschieden zu
haben, deutlichst vor Augen. Viele der Museumspädagoginnen hatten mehrere Jobs parallel, um über die Runden

zu kommen, alle Praktikanten arbeiteten natürlich unbezahlt, und die Volontärin, der zähneknirschend das inzwischen für den staatlichen Dienst geregelte Volontärsgehalt gezahlt wurde, war dafür aber dann immer der Mops. Der Großteil der Museumspädagoginnen war relativ verschroben. Am besten in Erinnerung blieb mir folgender Dialog einer Museumspädagogin mit einer Gruppe Kindergartenkinder, in dem sie den Kindern vor Caspar David Friedrichs Bild »Mondnacht« ein esoterisch angehauchtes Verständnis vom tröstenden Mond beibringen wollte:

»Wohin geht ihr, wenn ihr Trost braucht?«

»Zur Mama!«

»Hm, tja, aber eines Tages ist die Mama tot, und wo geht ihr dann hin?«

Ich glaube nicht, dass diese Kinder weiterhin viel Lust auf Museum haben.

Ich habe das Praktikum dann letztlich vor allem dazu genutzt, jede Woche den beknacktesten Kindernamen zu küren und per WhatsApp herumzuschicken. Ich weiß ja generell nicht so recht, was los ist mit Kindern und Namen in den letzten Jahren. In unserer Grundschulklasse hießen eigentlich fast alle Stefan oder Nadine. Ich hätte auch gerne Nadine geheißen, das fand ich einen schönen und soliden Namen, und war wütend auf meine Eltern, weil sie das nicht rechtzeitig eingesehen hatten. Ich wollte mit meinem Namen gar nicht auffallen. Klar, ich war froh, dass ich nicht einen der Mainstream-Neukölln-Namen hatte, vor allem, als in den folgenden Jahren die Schantalle/Schakkeline/Kevin/Jeremy-Pascal-Witze immer abgedroschener wurden. Aber sowas Geerdetes hätte ich doch schön gefunden. Inzwischen geht ein Vornamen-Graben durch Deutschland, tiefer als je zuvor: einerseits die Hipster-Akademiker-Eltern, die ausnahmslos kleine Wilhelms, Friedrichs, Emmas und Luises im Maxi-Cosi haben. Auf der anderen Seite die neuen Kevins und Jacquelines: die Amy-Lees und Lexies und Jasons.

Und dann gibt's noch die, die einfach nur arm dran sind. Letztens habe ich eine Auflistung der außergewöhnlichsten Vornamen 2013 in Deutschland gelesen. Folgende Namen wurden unter anderem genehmigt: Schildeberto, Despot, Imperial Purity und – Schneewittchen. Meine Mutter, die Grundschullehrerin ist, hatte vor zwei Jahren einen Jungen namens Luzifer in der Klasse. »Luzifer hat mir heute mit dem Mappchen auf den Kopf gehauen« – »Ach Schneewittchen, damit zeigt er doch nur, dass er dich mag.«

Die Kinder in der Museumspädagogik waren natürlich vor allem aus der Wilhelm-Luise-Schicht. Am ärmsten dran war allerdings letztlich der kleine Bela, der sich frisurentechnisch an Gwen Stefanis Wallemähne-Söhnen orientierte und ein relativ zartes Gesicht hatte. Die schon etwas ältere Gruppenleiterin kannte wohl Bela B. nicht und konnte sich auch nicht vorstellen, dass ein Junge freiwillig einen Pferdeschwanz tragen könnte, und sagte darum drei Wochen lang Sätze wie »Schaut mal, wie schön die Bella hier um die Ecke gedacht und ihren Wald rot gemalt hat«. Bela protestierte die erste Woche noch, aber am Ende nahm Bella ihren roten Wald und einen leichten Knacks mit nach Hause.

Danach kam das Praktikum im Archiv, über das ich schon deswegen nicht viel sagen darf, weil ich dort immer noch als Aushilfe jobbe. Es war okay und ruhig und so, wie man sich ein Archiv-Praktikum vorstellt, und wenn man jetzt gut aufgepasst hat, kann es nur hier gewesen sein, wo ich vier Wochen lang Lebensmittelmarken abgelegt habe.

Wenn ich sage, ich habe nur zwei Praktika gemacht, dann stimmt das deswegen, weil ich das dritte Praktikum nach einem Tag Probearbeiten sofort absagte. Ich wollte unbedingt ein journalistisches Praktikum machen, weil es für den Lebenslauf gut aussieht und weil diverse Zeitungspersonalchefs bei Volontariatsbewerbungen meinerseits immer nörgelig absagten, weil ich keines vorweisen kann. Also bewarb ich mich auf ein Praktikum bei einem vegetarischen Magazin, das gerade ein Redaktionspraktikum ausgeschrieben hatte und das insgesamt einen ziemlich guten und stylishen Eindruck machte. Ich bin zwar nicht mal Vegetarierin, aber, na ja, einem geschenkten Gaul ... Ich wurde jedenfalls zum Probearbeiten eingeladen und ging relativ gutgelaunt und motiviert hin, immerhin war mein journalistisches Praktikum zum Greifen nahe, und mal drei Monate über Gemüse zu schreiben stellte ich mir schon okay vor. Ich kann das, was ich dann erlebte, nur als Kulturschock bezeichnen, der jedes tumbe Klischee erfüllte. Die sogenannte Redaktion stellte sich als eine sehr, sehr heruntergekommene dunkle und kalte Wohnung heraus, in der überall schützenswerte Spinnweben hingen, teilweise die Tapete in Fetzen von der Wand abblätterte und es generell aussah, als fände man Putzen seit Jahren überbewertet. Ich wurde im allerschmuddeligsten Zimmer an einen sehr versifften Schreibtisch gesetzt und bekam Probeaufgaben von der Mitarbeiterin. Einzahl. Die Redaktion bestand nämlich aus einer einzelnen Frau, einer militanten veganen Rohkostesserin, die genauso aussah, wie sich Wurstfabrikanten eine militante vegane Rohkostesserin vorstellen. Sie forderte mich auf, mir auf dem fleckigen, nicht vertrauenserweckenden Polstermöbel, das wirr im Raum verteilt war, meinen Lieblingsplatz zu erspüren. Mir war sofort klar, dass ich in hundert kalten Wintern hier niemals ein Praktikum machen würde, ich traute mich aber nicht, sofort auf dem Absatz kehrtzumachen. Also quälte ich mich durch acht Stunden abstruse Probeartikel über vegane Katzennahrung und Soja-Grillwürste sowie ein Mittagessen mit der Chefin, das aus rohem Wurzelgemüse bestand und in einer Küche eingenommen wurde, in der ich gerne gar nichts eingenommen hätte. Danach machten wir einen Spaziergang. Als ich die unangenehme Stille zwischen uns brechen wollte und wir auf Höhe des Zoos waren, erzählte ich arglos, wie gerne ich in den Zoo gehe wegen all der süßen Äffchen und Otter. Danach war ich Persona non grata, und mir wurde bei der Gelegenheit gleich noch mitgeteilt, dass mein Muschelarmband Mord sei. Es waren die längsten acht Stunden des Jahres, und ich hatte noch nie mehr Lust dazu, mir eine Katze zu kaufen und sie mit möglichst vielen Mäusen zu füttern. Nach einem Höflichkeitstag dazwischen sagte ich ab, und das ist die Geschichte, wieso aus mir keine vegane Journalistin wurde.

Seitdem ist mein Verhältnis zu Praktika leicht gestört, abgesehen davon, dass ich sowieso im Laufe von vierzehn Semestern immer mehr finde, dass das System »Praktikum« schon deswegen ein wenig schwierig ist, weil man dort Menschen mit mehreren Einser-Uniabschlüssen unbezahlt arbeiten lässt, und zwar für Leute, die persönlich niemals unbezahlt arbeiten würden.

Nach zu vielen Artikeln und Büchern über die »Generation Praktikum« ist es ja auch ein bisschen langweilig, sich wie ein typischer Vertreter dieser Generation zu benehmen. Generation Golf, Generation X, Generation Doof, Generation Umhängetasche (!), Generation Laminat (!!). Es ist furchtbar ausgelutscht, irgendeine Generation als eine Generation zu bezeichnen. Wenn ich aber einen Namen für unsere finden sollte, wäre es Generation Paris Hilton, auch wenn sie niemand ist, der einem heute noch spontan einfallen würde. Paris war Anfang zwanzig, als wir Teenager waren, und ging mit ihrer damals noch normalgewichtigen Freundin Nicole Richie auf Farmen in Nebraska, um »The Real Life« kennenzulernen. Sie machte also eigentlich ein Praktikum. Dort tänzelte sie dann mit frisch blondierten Haaren und knapp unter den spitzen Mädchenbrüsten zusammengeknoteten Farmerhemden herum und bescherte den Farmersöhnen schöne Träume. Kurze Zeit später machte sie die Träume noch detailreicher, als – unfreiwillig oder nicht – das erste Sextape von ihr in einer ab da langen Folge von Uuups-Sorry-Promisextapes erschien. Das Video hatte einen der besten Titel, die ich jemals in diesem Zusammenhang gehört habe – »One Night in Paris« –, und markierte nicht nur eine neue Sexualisierung der Gesellschaft, sondern auch gleich noch den Beginn dessen, dass Hinz und Kunz Privatpornos drehten und YouPorn über Nacht zur ersten irgendwie gesellschaftsfähigen Pornoplattform wurde. Gleichzeitig war Paris Hilton Vorreiterin einer neuen Riege It-Girls, die sie mit mädchenhaft gehauchter und, wie sich herausstellte, gefakter Stimme vertrat. Als ich mal zufällig eine Aufnahme von Paris mit ihrer normalen Stimme, ziemlich tief und sonor, gehört habe, fühlte ich mich fast betrogen. Paris lehrte uns, dass man gemocht wird, wenn man naiv sinnfreie Praktika aneinanderreiht, und dass man nichts sein muss, um etwas zu werden. Dass es gut ist, das ewige Mädchen zu sein, und dass man sowohl stimmlich als auch ansonsten nicht erwachsen zu werden braucht, um Geld zu verdienen. Sie war der erste Peter Pan unserer Generation, und dass sie ihren Chihuahua Tinkerbell genannt hat, spricht dafür.

Nimmt man dann noch dazu, was parallel in Deutschland medial eher gefragt war, kommt man insgesamt ganz gut hin mit dem Lebensgefühl des deutschen Studenten und/oder Praktikanten zwischen Leichtigkeit und Depression. Deutschland ist ja immer eher an Schauspielern interessiert, die in mit Klavierklängen unterlegten Independentfilmen voller getragener Melancholie am Badesteg sitzen. Diese gab es verstärkt in der Zeit, in der wir, die spätere Generation Praktikum, groß wurden. Mit »Crazy« und »Schule« fing es an, Robert Stadlober und Tom Schilling und Daniel Brühl, o Gott, vor allem Daniel Brühl. Zeitgleich kamen August Diehl und Jessica Schwarz und der wahnsinnig schöne Kostja Ullmann dazu, allerspätestens beim Baader-Meinhof-Komplex dann auch Johanna Wokalek, wenn auch ihre Teilnahme an einem Til-Schweiger-Film im Nachhinein nicht wirklich ins Bild passen will. Diese jungen Wilden, die »Die fetten Jahre sind vorbei« und »Was nützt die Liebe in Gedanken« drehten, bildeten die Schauspielriege unserer deutschen Medienjugend und lehrten uns einen tiefsinnigen Gesichtsausdruck und eine leicht pessimistische Tanz-am-Abgrund-Weltsicht mit kleiner linker Tendenz, die wiederum gut zum Neon-Lesegefühl passt. Allerdings nicht zum Praktikantendasein. Letztlich ist das vielleicht unser Dilemma: Auch wenn wir es jeden Tag probieren – Fatalismus und Praktikum passen nicht gut in dieselbe Schublade.

»Das heißt nicht Semesterferien, das heißt vorlesungsfreie Zeit«

Hände hoch, wer das schon mal gehört hat. Gerne von Dozenten gesagt, bevor man ihre letzte Vorlesung für dieses Semester beklopft. Jaja, man muss da natürlich pädagogisch dran erinnern, dass die Wochen zwischen August und Oktober beziehungsweise Februar und April dazu gedacht sind, stramm und eigenständig das Studium generale durchzuziehen, und nicht nur dazu, möglichst verlottert im Schlafanzug herumzulaufen. Studenten, heißt es, haben ja sehr viel Zeit. Ich muss für mich sagen: stimmt. Wenn ich mich mit meinen Freunden vergleiche, die Rettungssanitäter, Daimler-Mitarbeiter und Bankberater geworden sind, dann habe ich wirklich viel Zeit. Meine stressigeren Phasen, wenn sich Referate jagen oder Klausurenwochen sind, gleichen sich nämlich immer wieder durch zehn Wochen Semesterferien aus. Zweimal im Jahr! Wer hat das schon? Klar muss man Hausarbeiten schreiben, aber die schreibt man ja nicht zehn Wochen lang. Ich kenne Leute, die ihre Hausarbeiten in vier Tagen schreiben. Da bleibt noch ganz schön viel übrig, um in Thailand ein bisschen Backpacking zu machen oder vielen, vielen Freunden verteilt auf viele, viele Städte mit einer Rundreise ein bisschen auf die Nerven zu gehen und ihre Couch zu blockieren. Zum Glück! Semesterferien – und egal, was die Dozenten am letzten Vorlesungstag sagen – sind nämlich Ferien und eines der Schokoladenhäppchen des Studentendaseins.

Wenn ich von der Uni heimkomme, mache ich das, wovon ich hoffe, dass es alle machen: Jogginghose an, irgendeine Serie gucken. Unsere Generation ist, das glaube ich zumindest, zu Serienguckern herangezogen worden, ohne eine Chance zu haben. Meine erste war die Sesamstraße, danach kam die Bill Cosby Show. Die blieb lange, und ich habe sie geliebt, vor allem die Folge, in der Claire Huxtable zum Geburtstag so viele weiße kleine Cremetörtchen mit Erdbeere oben drauf bekommt. Danach, beziehungsweise irgendwann überschneidend, kam der Prinz von Bel Air. Ich glaube nicht, dass es eine Serie gibt, die noch konsequenter Neunziger ist, inklusive wildgemusterter aber trotzdem irgendwie pastellfarbener Latzhose von Will Smith, der damals noch jung und cool war und nicht Scientologe und Erfinder des Systems, alle Kinderrollen seiner Filme mit den eigenen Kindern zu besetzen. Til Schweiger ist der deutsche Will Smith, hat seine Tochter aber wenigstens nicht Tillow genannt.

Gegen Ende der vierten Klasse bekam ich einen Pickel und fühlte mich erwachsen genug, GZSZ zu schauen. Das Tolle an GZSZ ist, dass man nach einem Jahr wieder einschalten kann und trotzdem noch mitkommt. Parallel zu GZSZ schaute ich Friends, damals auf ProSieben um sechs. Ich wollte zwischen zehn und vierzehn konstant so sein wie Rachel und hätte alles für glatte Haare gegeben, die für Rachels Haarschnitt unabdingbar sind. »The Rachel«, so tatsächlich offiziell der Name des Haarschnitts, ist bis heute meine Idealfrisur. Mein Friseur hat sich zum Glück geweigert, es trotz meiner Locken doch mal zu versuchen, und dafür bin ich ihm heute dankbar, genauso dafür, dass er sich drei Jahre später weigerte, mir zu helfen, als ich in meiner sehr sehr kurzen Metal-Phase (zur Erinnerung: viereinhalb Wochen) mein Naturblond gegen Schwarz mit roten Strähnchen tauschen wollte. Dann kam Sex and the City, und wir wurden erwachsen.

Momentan schaue ich vor allem Game of Thrones (da diese Frage offenbar momentan eine Religion ist: Lieblingscharakter Tyrion Lannister). Ansonsten wiederhole ich in einem regelmäßigen Turnus Friends, Sex and the City, Gilmore Girls, How I met your mother und Big Bang Theory und offenbare mich darin als absoluter Mainstream. Aber wer einmal gesehen hat, wie Amy Farrah Fowler sich über ihre Tiara freut, wird zugeben, dass man das nicht nur einmal angucken kann.

Ein wichtiges Wort, das in meinem Jahrgang und vielleicht auch noch in den zwei Jahren davor und danach dauernd benutzt und in StudiVZ-Gruppen und T-Shirt-Druckereien verwurstet wurde, war Prokrastination. Ich weiß nicht, was dem inzwischen den Rang abgelaufen hat, ebenso wenig wie ich weiß, was eigentlich die neuen

Cakepops sind, nachdem Cakepops die neuen Macarons und Macarons die neuen Cupcakes waren, aber in jedem Fall war es für uns ein großer Begriff. Man bezeichnet damit das Vor-sich-Herschieben und In-den-Tag-Hineinleben, vielleicht könnte man es als das Yolo der späten 2000er bezeichnen. Auch wenn der Begriff ein bisschen aus der Lustige-Bemerkungen-Sparte verschwunden ist, gibt es das, was er bezeichnet, nach wie vor. Vielleicht haben die G8er zwangsläufig gelernt, vieles in kurzer Zeit zu machen, aber wir, die wir noch neun Jahre Zeit hatten, haben oft das Wenig-in-viel-Zeit-Packen in unser Studium hinübergerettet. Klausuren schieben, Hausarbeiten über Jahre hinweg sammeln, bis der Dozent emeritiert oder in Berkeley ist und deswegen plötzlich alles viel komplizierter wird, als es gewesen wäre, wenn man einfach pünktlich die Hausarbeit geschrieben und abgegeben hätte, ist das täglich Brot vieler von uns. Mein Freund Fabian ist für mich der Godfather of Prokrastination, nachdem er das Studentenwerkseminar »Hilfe zur Überwindung der Prokrastination«, zu dem er schon angemeldet war, absagte, weil er es ja auch noch nächstes Semester machen könnte. Die Ironie fiel ihm nicht mal auf. Ich selber bin eher der Listen-abhaken-Mensch und kann mich nicht gut entspannen, wenn ich weiß, ich müsste noch ungeschriebene drei Essays morgen früh abgeben, darum spreche ich dieses Thema nicht als Betroffene an, aber als jemand, der schon zu viele Leute deswegen Härtefallanträge hat stellen sehen. Ich will hiermit frei nach Rilke warnen: Wer eine Klausur schiebt, schiebt auch die nächste, wer eine Hausarbeit nicht schreibt, schreibt lange keine mehr. Die Mitbewohnerin meines Freundes Robin geht seit einein-halb Jahren nicht mehr an die Uni, sondern schreibt hin-tereinander alle angesammelten aber nie geschriebenen Hausarbeiten weg. Das ist etwas, das keiner will. Das Pro-blem ist aber, dass die Möglichkeiten, was anderes zu ma-chen, so wahnsinnig groß sind. Früher, als man seine Hausarbeiten noch auf einer Schreibmaschine schrieb und für die Klausuren mit Büchern und Schreibblöcken lernte, da gab es garantiert weniger Prokrastination. Das Problem fängt da an, wo man mit Hilfe von etwas lernen soll, wo drei Sekunden entfernt das Internet ist. Deswe-gen nervt es mich inzwischen, dass jedes Institut WLAN hat. Gäbe es das nicht, dann wäre es bedeutend schwerer, anstatt Hausarbeiten zu schreiben, auf 9Gag zu sein.

Ach, das Internet und das Smartphone, so vieler vertü-delter Stunden Mütter. Ich weiß noch, es gab eine Zeit, da hatte nicht jeder beim Mittagessen neben sich sein Handy auf dem Tisch. Man muss mal drauf achten, das ist der erste Handgriff in der Mensa. Meiner auch. Tablett auf den Tisch, Smartphone daneben. Ein paar Tage lang, als der Hype am größten war, haben wir uns beim Mittag-essen nicht unterhalten, sondern wortlos Quizduell mit-einander gespielt. (Auch wenn die ARD versucht hat, daraus eine Sendung zu machen, und damit allen klar ist, dass Quizduell schon mal cooler war, spiele ich noch gerne, und wer möchte: badegiesel)

Ich finde ja, dass WhatsApp wirklich, wirklich alles verändert hat, kommunikativ gesehen. Nicht nur, weil es für jeden Quark ein Bildchen gibt, das passt, und weil man dank Internet und unabhängig von irgendwelchen SMS-Ländertarifen von der Kommunikationshäufigkeit nicht mehr merkt, ob die Freunde in Castrop-Rauxel oder in Mombasa sind. Es ist auch einfach so, dass das Ganze dazu verführt, seinen Freunden jede minialltägliche Kleinigkeit zu erzählen. Letztens habe ich an genau vierzehn Leute das Foto einer außergewöhnlich unappetitlich aussehenden Fruchtschnitte geschickt, die ich gerade aß. Durch dieses Stand-by-Geschreibe hat sich einiges verändert, zum Beispiel kenne ich kaum noch jemanden, der einen Tag vorher schon ausmacht, dass man sich am nächsten Tag um halb vier vor einem spezifischen Café treffen wird. »Wir schreiben noch mal wegen morgen« ist das neue »Morgen um halb vier vorm Extrablatt«, und irgendwie ist das ja auch logisch, weil man sich ja ohnehin zwischen heute und morgen noch etwa 24 belanglose Dinge über WhatsApp erzählen wird, also kann man die genauen Umstände des nächsten Treffens tatsächlich getrost sehr kurz vor dem Treffen ausmachen. Ich bin gespannt darauf, wann wir aufhören »Tschüss« zueinander zu sagen, weil allen auffällt, dass die Kommunikation sowieso in fünf Minuten, wenn man dann allein im Bus sitzt, wieder aufgenommen wird und man also nur für fünf Minuten tschüss gesagt hat und das irgendwie seltsam ist. Vielleicht sind Abschiedsfloskeln durch

WhatsApp bedroht. Keine Ahnung. Wenn's ginge, würde ich ans Ende dieses Abschnitts diesen Smiley mit der geraden Zahnreihe machen. Ach, ihr wisst schon, welchen. Oder einfach das Spiegelei, das find ich so süß.

Ich kenne nur zwei Menschen, die ein normales altes Handy haben, und ich finde, dass man daran merkt, wie sich Sehgewohnheiten ändern. Wenn man jetzt ein normales Handy anschaut, hat man das gleiche Gefühl, wie wenn man eine Diskette sieht, aber beides war mal – und man kann sich daran sogar noch erinnern – neu und cool. Ich war furchtbar neidisch, als meine Freundin Katharina zu ihrem dreizehnten Geburtstag ein Handy bekam, ein Alcatel in lila, ein totaler Klops, wenn man das mit heute vergleicht. Ein halbes Jahr später hatte ich auch ein Alcatel, in grau, und es hatte interessante Funktionen, zum Beispiel konnte es einen geheimnisvollen persönlichen Biorhythmus für mich ausrechnen, der mir sagte, welche Laune ich die nächsten Tage haben und wann ich mich wahrscheinlich erkälten würde. Dann hatte ich – so wie jeder – ein Nokia 3210 und habe darauf – so wie jeder – Snake gespielt, allerdings war ich nie besonders gut darin. Als ich vor einiger Zeit erfahren habe, dass man auf YouTube Snake spielen kann, war ich mindestens eine halbe Stunde sehr begeistert dabei. Das war ähnlich wie mit Pac-Man: Man denkt, es hat Spaß gemacht, aber wenn man es nach Jahren wieder probiert, will man sich die leise Langeweile kaum eingestehen.

Ich bin allerdings, was technische Neuerungen angeht,

ein Spätzünder. Erstes Handy mit fünfzehn, erster Laptop mit 23. Dazu habe ich ein typisches Mädchen-Laptop-Kaufgespräch geführt: »Also ich will gut Filme drauf gucken können, und er soll nicht schwarz sein.« Warum ich erst so spät einen Laptop kaufte, kann ich selber nicht begründen, dabei fand ich diese normalen PCs auf dem Schreibtisch schon immer sehr unansehnlich und war seit langem genervt davon, die Uni-Bib-Bücher zu mir nach Hause zu schleppen, anstatt den Laptop zu den Büchern. Und damit gehörte ich dann spät aber doch zu denen, die eine Seite schreiben und dann zur Belohnung eine Stunde belanglose Katzenbabyfotos angucken.

Generell Internet und Bib: Wenn ich sagen sollte, was die Bib-Landschaft der Heidelberger Uni in den letzten Jahren am krassesten verändert hat, würde ich sagen, es war Bibflirt. Der Siegeszug von Bibflirt war schnell und überwältigend. Früher ging man in Jogginghosen und ungeschminkt in die Bib, was auch sinnvoll war, weil man da einfach nur lange herumsitzt und es die Hausarbeit nicht interessiert, wie man aussieht. Dann kam Bibflirt, und alles wurde anders. Seitdem ist die Bib voller Bloggerdutt-Mädels mit gut aufeinander abgestimmten Stücken von Accessorize und sorgfältigem Lidstrich, und man wirft unauffällig bedeutungsvolle Blicke durch den Lesesaal und in die Arbeitsplatzkabine gegenüber, damit man vielleicht irgendwann den Oscar der Hausarbeitsschreiber erhält und auf Bibflirt gespottet wird, also einen anonymen Flirteintrag bekommt, auf dem man für alle erkennbar beschrieben wird. Darin wird erklärt, dass man umwerfend aussah, gestern Nachmittag in der Lehrbuchabteilung, und man wird gefragt, ob man einen Kaffee trinken wolle. Eingeleitet meistens mit Varianten von »Du liest das hier sicher nicht, aber ich versuch es trotzdem.« Klar, keiner ist drauf, aber heimlich kontrollieren doch alle, ob sie irgendwer erwähnt hat, damit sie das dann ihren Freunden zeigen können und bescheiden lächeln und sagen »Ach, bestimmt nur ein Spinner«. Inzwischen ist das wieder etwas abgeflaut, aber die Accessoires und der Lidstrich bleiben. Man kann eben schlecht hinter einmal gelegte Standards zurück. Ich glaube nicht, dass man in den nächsten Jahren in den Uni-Bibs wieder so schnell bei der Jogginghose ankommt.

Es gibt einen Begriff für diejenigen, die jetzt gerade ihren Führerschein anmelden, die nicht mehr wissen, wie es war, als es kein YouTube und kein WhatsApp, also generell nicht mal Internet gab, nämlich Digital Natives. Wir sind die, die knapp davor kamen, die Letzten, die noch hörten, wie Papa sagte, dass dieses Internet vielleicht nur eine Modeerscheinung sei, und die den Werbespot mit Boris Becker gesehen haben für AOL, dem so viele Kleine-Penisse-Witze folgten: »Bin ich schon drin?« Wir sind die Letzten mit einer Grundschulzeit ohne Internet und einer Jugend ohne iPhone. Aber wir lernten wahnsinnig schnell, hatten sofort ein Profil im StudiVZ und dann bei Facebook und, je nachdem wo die persönliche Peinlichkeitsgrenze lag, auch eine Weile bei Wer-kennt-wen. Ein neuer Beruf entstand, den primär Leute in unserem Alter hervorgebracht haben: Mode-Bloggerin. Ich schreibe hier Bloggerin, weil, wenn wir ehrlich sind, der Anteil der Modeblogger überschaubar ist. Es war von Anfang an ein eher weibliches Phänomen, sich möglichst vintage-edgy-classy anzuziehen und dann Fotos von sich ohne Kopf aber mit mädchenhaft Spitze an Spitze zueinandergestellten Budapestern aus Echtleder zu machen.

Durch uns wurde »Blogger« zu einem Wort, das man vor alles Mögliche setzen kann (Blogger-Pullover, Blogger-Stil, Blogger-Dutt), und zu einer Berufsbezeichnung, die im wahnsinnigsten Fall zur Erste-Reihe-Einladung bei Michael Kors-Schauen führt.

Tumblr macht jeden zum Blogger, Instagram macht jeden zu Lana del Rey. Wir waren die Ersten, die keine DVDs mehr kauften und im Kino nur noch Filme angucken, die eine große Bilderwucht versprechen, weil wir alles andere streamen. Zuerst mit schlechtem Gewissen und Angst vor Killerviren oder der GSG9 an der Haustür, dann hemmungslos nach dem Macht-eh-jeder-Prinzip. Und während wir Breaking Bad oder Modern Family streamen, durchkämmen die Mädels (und inzwischen auch viele Jungs) Kleiderkreisel nach Schätzen, oft mit dem Suchwort »blogger«, weil das Ergebnisse ausspuckt, die nach Berliner Vintage-Store aussehen, auch wenn sie von TK Maxx in Bielefeld sind. Gegen Langeweile hilft seit Jahren Vice oder Buzzfeed und 9Gag mit süßen Otterbildern oder dem melancholischen Schwarzbären oder irgendwas mit Grumpy Cat. Generell haben wir einen Hang zu Tierbildern und Tier-Gifs und halt allgemein zu allem mit Fell. Anders lässt sich das Entstehen der Furry-Szene, also den Leuten, die gerne in Ganzkörper-Einhornkostümen durch die Stadt laufen, auch irgendwie nicht erklären.

Auch bei der Verbindung Internet-Liebesleben holt der Mainstream auf: Ursprünglich dachte ja jeder, auf Datingportalen seien nur dicke, nackte Männer mit Haarkranz und fragwürdigen Vorlieben unterwegs, dementsprechend verpönt blieb es lange, und Leute, die sich tatsächlich in irgendeiner Form digital kennengelernt hatten, hängten das lieber nicht an die große Glocke. Langsam ändert sich das. Nachdem es der ziemlich große Homo-Anteil meines Freundeskreises schon seit Jahren extrem erfolgreich und selbstbewusst mit Grindr vorgemacht hat und von mir heimlich beneidet wurde, gibt es inzwischen mit Tinder auch für den durchschnittlichen Heterostudenten eine Sex/Beziehung/Mal-gucken-App, in der man nun die synchronisierten Facebookfotos der Leute im Umkreis nach Hot or Not wischt. Jaja, oberflächlich und so, aber ehrlich gesagt mit zwei Freundinnen und einer Flasche Wein ein Riesenspaß für die ganze Familie. Und mit manchen habe ich mich auch tatsächlich ganz gut unterhalten, weshalb ich jetzt auch eine von denen bin, die in ihrer Kontaktliste Nummern unter »Vorname + Tinder« gespeichert haben. Ich hatte sogar mal ein Tinder-Date, und es war eigentlich sehr schön, und der Kerl war weder dick noch alt, noch haarbekranzt. Dieses Date hat tatsächlich die vielen, vielen Anfragen diverser Herren auf Tinder, ob ich denn interessiert an einem Dreier mit ihrer langjährigen Verlobten wäre, gut aufgewogen. Das früher von mir gern geschaute MTV-Format »Next« wurde jedenfalls mit Tinder nach zehn Jahren doch noch für den Einzelnen möglich gemacht. Und damit schließt sich irgendwie der Kreis zu unserer Jugend, in der wir noch auf ICQ-Blumen starrten und das Wort »adden« erfanden oder das Urteil »Dann setz ihn doch auf Ignore«.

»Bitte beachten Sie auch die Veranstaltungen des Studentenwerks«

Unisport ist eine gute Sache, leider habe ich es ziemlich spät entdeckt und bin sehr unstet, was meine Sportbegeisterung angeht. Drei Kurse habe ich gemacht. Der erste war Standardtanz, weil ich damals mit vierzehn, als die Hälfte meiner Mitschülerinnen einmal in der Woche nachmittags in die Stadt fuhr, um mit einem schüchternen Akne-Jungen Discofox zu tanzen und sich zum Abschlussball bordeauxrot changierende Taftkleider bei C&A zu kaufen, zu cool dafür war. Das habe ich lange bereut, mich deswegen begeistert beim Uni-Tanzkurs angemeldet und einen Freund motiviert mitzukommen. Das war auch gut so, denn in jeder Tanzstunde wurden am Anfang die, die als Paar gekommen waren, gebeten, sich auf die rechte Seite des Saales zu stellen. Auf der linken Seite blieb dann eine Art Resterampe übrig, auf der per Zufall Tanzpartner aneinander verteilt wurden, was manchmal groteske Paarungen erzeugte. Besonders im Gedächtnis blieb mir dabei die Konstellation einer Mittvierzigerin mit strenger Brille am Goldband und einem chinesischen Jüngling in glänzend schwarzer Jogginghose mit seitlicher Knopfleiste. Ich klammerte mich dann immer an der Hand meines freundschaftlichen Begleiters fest und war nur froh, nicht links stehen zu müssen.

Wenn jeder einen gefunden hatte, ging es los, und wir trampelten uns beim Wiener Walzer halb tot, weil wir zu viele Tänzer für einen zu kleinen Saal waren. Discofox ging noch gut, und Rumba war mein Lieblingstanz, den ich wenigstens auch jetzt noch ein bisschen zusammenbringe. Der Rest war vergessen, sobald der Kurs vorbei war.

Mein nächster Hochschulsport-Anlauf war Zumba im vorletzten Semester. Zumba machte ja im Sommer 2013 wirklich jeder, das merkte man vor allem daran, dass auch meine Mutter in Zumba war und jede Dorf-Volkshochschulfiliale einen Kurs anbot. Wir drei WG-Mädels gingen jeden Mittwochabend und trugen natürlich neonpinke Sportschuhe zur neonlila Sportshorts aus der neuen H&M-Sports-Abteilung. Unser Lehrer hieß George, war Kubaner und hatte den schönsten Hintern, den ich bisher in meinem Leben gesehen habe. Mit dem konnte er Dinge, die wir nicht konnten, wie es auch generell deprimierend war, dass er seine nicht vorhandenen Brüste anmutiger schüttelte als jede von uns Mädels ihre realen in der überhitzten und nach Schweiß und Hallenbodenbelag riechenden Luft.

Als der Sommer vorbei war, kaufte ich mir eine Yogamatte und verwendete viel Zeit darauf, bei Zalando ein schönes Yogaoutfit zu kaufen, war dann aber effektiv nur ein einziges Mal im Uni-Yoga. Der Yogalehrer sah genauso aus, wie ich mir einen Yogalehrer vorstelle: hager, gebräunte Haut, weite Leinenkleider in Naturfarben und halblange strähnige Haare. Er redete leise und entspannt, schlug ab und zu einen kleinen Gong und forderte uns erst dazu auf, unseren Kopf in Richtung des offeneren Nasenlochs zu drehen und dann in unsere Geschlechtsteile zu atmen. Es wurden ungelogen die längsten zwei Stunden meines Lebens.

Auch ansonsten gibt es an der Uni – zumindest in Heidelberg – viele Kurse, die für Studenten kostenlos sind und auf die ich beschämend spät stieß. Seitdem treibt mich das Gefühl um, meine Studienzeit nicht gut genutzt zu haben. Im letzten Herbst meldete ich mich deswegen sehr motiviert fur den Kurs »Körpersprache beim Bewerbungsgespräch« an, der mir nicht viel brachte, weil ich dann dort plötzlich zu gehemmt war, um mich vor die Gruppe zu stellen und ein imaginäres Vorstellungsgespräch zu führen. Das lag vor allem am Kursleiter, der genauso war, wie man sich jemanden vorstellt, der mit dreißig schon Chef einer Consulting-Firma ist. Einer, der oft »Work-Life-Balance« sagt und der bestimmt im Freundeskreis mit Vorliebe darüber redet, wie viel Angus-Rind er letztens in seiner Edelstahl-Anthrazit-Küche schonend angebraten hat. Er leitete den Kurs folgendermaßen ein: »Also, normalerweise gebe ich so einen Kurs über ein ganzes Wochenende und nehme dafür 800 Euro. Hier machen wir das zwei Stunden lang, und zahlen müsst ihr nichts. Ihr könnt euch also etwa vorstellen, wie viel ihr hier erwarten könnt.« Nach diesem Einstieg fühlte es sich gar nicht mehr schlecht, sondern eher revoluzzerartig an, dass ich leider in meiner Handtasche nur einen Lippenstift und einen Stummfilm-Festival-Flyer hatte, während um mich herum die Laptops und Klemmbretter ausgepackt wurden.

Der letzte Kurs, den ich ausprobierte, war ein Schminkkurs, der allerdings, das muss man sagen, nur sehr bedingt mit dem Uni-Kursangebot zusammenhing. Ich finde mich beim Schminken immer noch ziemlich dilettantisch. Seit der sechsten Klasse und meinen ersten Make-up-Gehversuchen mit dem obligatorischen hellblauen Lidschatten und schweinchenrosa Lippenstift habe ich kaum wirklich an Talent gewonnen und schminke mich darum fast gar nicht, auch wenn ich morgens in der Bahn immer diese Mädchen mit den perfekt umrahmten Eyeliner-Augen beneide. Also meldete ich mich an. Die Kursleiterin stellte sich als Kosmetikerin vor, trug geschmackvolle nudefarbene Kleider und ein geschmackvoll-dezentes Make-up. Im Gegensatz zum Kursleiter der »Körpersprache für Bewerbungsgespräche« wirkte sie, als sei man bei ihr gut aufgehoben. Was soll ich sagen: Nachdem wir in der zweiten Sitzung alle ihrer angeblich typgerechten Anweisungen umgesetzt hatten, sahen die Wirtschafts-Masterabsolventin rechts und die Biologie-Doktorandin links neben mir aus wie Drei-Dollar-Nutten. Ich selber auch.

Außer ein paar Fotos von mir mit grünmetallic Lidschatten bis zur Augenbraue und der Empfehlung, beim Vorstellungsgespräch die Schultern nicht hängen zu lassen, blieb insgesamt nicht viel übrig. Ich habe inzwischen nicht mehr das Gefühl, im Bereich der Hochschulkurse allzu viel verpasst zu haben.

Es gibt allerdings sonst auch noch einiges an der Uni zu entdecken. Zum Beispiel schöne Bräuche aus Zeiten, in denen man zur Schule noch Penne und zu Mädchen noch Bienen sagte. Eine davon ist das Feuerzangenbowle-Gucken kurz vor den Weihnachtsferien. Vorher geht man auf den Weihnachtsmarkt und isst Kartoffelpuffer und diese dick geschnittenen Belgischen Pommes mit Sour Cream und Bratwurst und Crêpes mit Nutella, also alle Dinge, die zusammengenommen diesen furchtbar leckeren Weihnachtsmarktgeruch ausmachen, den man nie so richtig benennen kann, weil alles durcheinanderriecht. Und dann nimmt man eine Tasse Glühwein mit dem diesjährigen Weihnachtsmarkttassendesign mit und lässt sich auch noch die mitgebrachte Thermoskanne füllen und kauft sich vor dem größten Uni-Hörsaal eine Kinokarte für die Feuerzangenbowle. Der Hörsaal ist immer brechend voll mit fröhlichen Leuten in für die schnell steigende Zimmertemperatur viel zu warmen Strickpullovern, und alle bereiten sich vor: Glühwein vor sich auf das Pult, Block raus, Papierflieger falten, Wunderkerze und Feuerzeug bereitlegen. Dann geht der Film los, und die Rituale können beginnen. Aufstehen und anstoßen, wenn die das im Film machen. Papierflieger schmeißen, wenn die das im Film machen. Wunderkerze anzünden, wenn die das im Film machen. Immer pfeifen, wenn eine Frau auftaucht. Ich liebe die Feuerzangenbowle-Abende.

In Heidelberg gibt es, wie in wahrscheinlich allen Studentenstädten, viele total innovative und politisch wahnsinnig korrekte Veranstaltungen. Zum Beispiel findet dieses Wochenende eine Podiumsdiskussion zum Tanzverbot am Karfreitag statt. Es gibt Veggie-Tage in der Mensa, den Stricktreff »Hello Knitty«, Viva con Agua-Partys und Partys, die dadurch finanziert werden, dass jeder eine Knochenmarkspende-Spuckeprobe abgibt. Ich war begeistert bei Vorträgen über »Bildungschancen für Migranten der dritten Generation«, der Organisation »Rock your life«, die Hauptschüler bei der Jobsuche unterstützt, sowie den Hochschultagen »Homosexualität und versteckte Diskriminierung«. Die Anzahl der Petitionen für diverse lobenswerte Sachen, die irgendwo meine Unterschrift aufweisen, kann ich nicht zählen.

Erst neulich war ich auf dem Fräuleinfest. Das ist ein feministisches Festival für Frauen, die den Gender Gap inflationär benutzen. Darum waren auch die dortigen Veranstaltungen, wie der Anti-Street-Harassment-Workshop, nicht »nur für Frauen« oder »nicht für Männer«, sondern »non male only«. Damit jeder kommen kann, der sich als »non male« fühlt. Es gab als Verpflegung vegane

Grünkernküchlein und Kürbismuffins ohne Zucker aber mit Stevia. Ich war dort zum Filmabend »Vulva 3.0« und schaute Schönheitschirug_innen dabei zu, wie sie Schamlippen rosig spritzen und aus normalen Mumus den optischen Typ »Brötchen« formen, offenbar der Rolls Royce unter den Muschis. Ja, das ist daneben. Und ja, das muss schon alles irgendwie mal gesagt werden. Und ich finde das gut, also Feminismus und Pussy Riot und Femen vielleicht auch, wobei ich immer noch die Verbindung »nackte Brüste« und »Anti-Sexismus« nicht komplett nachvollziehe. Ja, auch ich zwinge meine Freunde dazu, Reinigungskraft anstatt Putzfrau zu sagen. Ja, ich finde auch, dass in einer Hochschullandschaft, in der mehr als die Hälfte der Studierenden Frauen sind, eine Prüfungsordnung ruhig auch mal in der weiblichen anstatt in der ewig männlichen Form geschrieben werden darf. Dass auch an der Uni Leipzig zu einem eindeutig männlichen Dozenten kein Mensch »Frau Professorin« sagt, sondern SPON da nur was falsch verstanden hat, ist ja inzwischen auch klar. Ich gehe auf Gender-Mainstreaming-Vorträge und Homo-Hochschultage. Überhaupt bin ich vielleicht ein besserer Homo als mancher Homo, habe zweimal alle fünf Staffeln Queer as Folk angeguckt und treibe mich mit meinem überwiegend schwulen Freundeskreis mehr auf Homo- als auf Heteropartys herum, schon deswegen, weil da absolut zuverlässig die Stimmung besser ist. Auch ich hoffe, dass die Homo-Ehe jetzt bald mal durchdiskutiert ist, und stimme mit Macklemore in jeder Zeile überein. Mein Vater ist Hausmann, meine Mutter schnarcht und fährt wie ein Henker. Ich bin das Produkt einer für die neunziger Jahre relativ progressiven Erziehung und war mir im Kindergarten längere Zeit sicher, ein Junge zu sein. Ich zog deswegen T-Shirts meines Vaters an, die mir bis zu den Füßen reichten, und wünschte mir unbedingt ein ferngesteuertes Rennauto. Meine Eltern ließen mich gewähren, das Rennauto bekam ich natürlich auch, und das finde ich nett und richtig. Ich finde es auch nett und richtig, dass mir kleine Jungs bekannt sind, die auf eigenen Wunsch an Fasching als Cinderella und Pippi Langstrumpf gehen dürfen, ohne dass jemand die Nase rümpft. Und auch in Deutschland ist die Gleichberechtigungsfrage noch lange nicht am Ende, solange Frauen nach wie vor 23 Prozent weniger verdienen als Männer und immer noch die sind, die ganz selbstverständlich mit dem doch eigentlich gemeinsamen Kind fünfzehn Jahre zu Hause bleiben, obwohl sie fünffach promovierte Psychologinnen sind. Ich bin also alles in allem ein Produkt genau dessen, was Gender-Mainstreaming-Befürworter fordern.

Aber auch für mich gibt es eine Grenze zwischen Genie und Wahnsinn. Mir ist nicht klar, warum es auf feministischen Festivals nicht Dinge zu essen geben kann, die gut schmecken. Ich verstehe nicht, warum der Großteil der Teilnehmerinnen unbedingt aussehen muss, wie man sich am Dorf-CSU-Stammtisch eine Teilnehmerin eines feministischen Festivals vorstellen würde. Mir leuchtet nicht ein, wieso man zu feministischen Vorträgen nur Frauen einlädt. Mir geht die Begeisterung dafür ab, statt Adlerperspektive Adlerinnenperspektive zu sagen. Konsequenterweise müsste man dann auch von der Fröschinnenperspektive reden, und da muss doch selbst der bemaltesten Femen-Aktivistin auffallen, dass man damit irgendwie auf einem Nebenschauplatz kämpft.

Das sollte man allerdings lieber nicht so laut sagen. Sonst wird man dessen verdächtig, was der schlimmste Verdacht an der aufgeklärten, differenzierten und eigentlich ja zum Glück linksliberalen Uni-Welt ist: Polemik. »Polemisch« ist, das wird einem ab der Hälfte des ersten Semesters klar, das Unwort in diesem Kosmos des differenzierten und niemals sich für irgendeinen Standpunkt entscheidenden Denkens an den deutschen Unis. Dementgegen stehen deswegen viele neutrale Begriffe. Ein Kunsthistoriker sagt beispielsweise niemals Kunst-, sondern immer Bildwerk, weil das ein neutral assoziierter Begriff ist. Kunst wäre ja schon eine, auch wieder Uni-Wort: »wertende Zuschreibung« und ist damit bähbäh. Die Uni ist zumindest in den Fächern, die ich studiert habe, ein Ort, an dem man gerne fünf der fünfzehn Semestersitzungen einer Veranstaltung erst mal am Vokabular feilt. Jeder Dozent ist da sein eigenes Penibelchen. In Archäologie hatte ich einen, der sich immer ärgerlich räusperte, wenn jemand »Orientierung« sagte und damit NICHT eine geographisch östliche Ausrichtung meinte. Vollkommen übertrieben hat es meine ja generell nicht gerade geliebte Religionswissenschaftsdozentin, die am Ende der ersten Sitzung so weit war, das Wort »Religion« als undifferenzierten Pfui-Begriff zu verbieten.

Aber kein Wort reicht der Polemik das Wasser. »Entschuldige, aber das ist ja jetzt wirklich reine Polemik«, ist der Satz, der einen aus jeder beliebigen Diskussion unter Studenten als Sieger hervorgehen lässt, weil sich das eben auf keinen Fall jemand nachsagen lassen will. Es gibt noch andere Vokabeln, die man als Student unbedingt können muss. »Eurozentrisches Weltbild« gehört dazu, also das Werten außerwestlicher Dinge durch die westliche Brille. Das riecht nach Herrenrasse-Denken und afrikanischen Kolonien, und das will ja niemand. An sich stimmt das ja auch, aber man kann damit auch die absurdesten Dinge rechtfertigen. »Klar werden in Indien Witwen verbrannt, aber dass du das gleich abwertest, zeigt einfach dein eurozentrisches Weltbild.« Zack, schon wieder eine Diskussion gewonnen. Pam, pam, pam, wie Detlef D. Soost jetzt sagen würde. Eurozentrisch und polemisch sind Worte, die in keinem geisteswissenschaftlichen Uni-Essay fehlen dürfen. Weitere sind »transkulturell«, »dezidiert«, »Diskurs«, »Paradigma« und – wenn man unbedingt 'ne Eins will – die Streberform von »deshalb«: »Vor dieser Folie erkennen wir, dass …«. Das Akademiker-Wir ist sowieso auch sehr beliebt: »Wir entnehmen dies den Berichten von Zeitzeugen«, »wir brauchen hier in Zukunft eine neue Begrifflichkeit«, »wir müssen Mussolini in seiner Zeit denken«. Eine Kommilitonin in Archäologie benutzte das akademische Wir bis zum bitteren Ende: »Wir haben diese Tonscherbe in einer Kirche gefunden, die wir in Syrien 1907 ausgegraben haben.«

Das ist ein weites Diskursfeld, Luise.

»Liebe Kommilitoninnen und Kommilitonen, liebe Studierende«

Das Wort Kommilitone kommt vom lateinischen Wort »commilito«, das ist der Waffenbruder. Kommilitonen, also die Menschen, mit denen man studiert, sind aber noch viel mehr als das. Freunde, Nervensägen, Lichtstrahlen am Horizont einer langweiligen Vorlesung. Viele sieht man nur in einem einzigen Semester für ein einziges Seminar und dann nie wieder. Sebastian zum Beispiel saß in meinem Literaturwissenschaftsseminar im ersten Semester. Seitdem habe ich mich nie wieder mit ihm unterhalten, aber wir grüßen uns seit nun sechseinhalb Jahren immer, wenn wir uns auf der Straße sehen. Andere Kommilitonen werden deine besten Freunde, die dir dein Studium versüßen und dafür sorgen, dass du bis zum Master nicht alleine und verzweifelt in der Mensa sitzt. Und dann gibt es noch viele andere, die generell erinnerungswürdig sind.

Eine richtige Kommilitonen-Kennenlernrunde habe ich wegen des schon erwähnten sehr spärlichen Ersti-Programms des Kunstgeschichteinstituts eigentlich nie gehabt. Ich lernte diejenigen, die mit mir zusammen an-

fingen, erst nach und nach in den Ersti-Einführungsvor-
lesungen kennen. Kristin und ich hatten uns ja schon am
ersten Morgen kennengelernt und saßen dann sowieso
immer nebeneinander, also hatte ich immer jemanden
zum Tuscheln in den Vorlesungen und jemanden, der auf
der Anwesenheitsliste für mich unterschrieb, wenn mir
neun Uhr mal wieder zu früh war. Ansonsten gab es da
noch einige ganz nette Mädchen, den einzigen männlichen Mit-Ersti Marlon, einige, die sowieso nach drei
Wochen wieder abbrachen, und Alexandra. Alexandra
wurde von der ersten Sekunde an meine Feindin, und sie
ist es geblieben bis ins Doktorandenkolloquium. Bei jedem Referat, das ich halte, kann ich mir sicher sein, dass
sie sich garantiert danach meldet und mich auf ein- bis
fünfhundert Fehler hinweist. Bei jeder Kritik, die ich
vom jeweiligen Dozenten einstecke, brauche ich gar nicht
hinzusehen, um zu wissen, dass sie befriedigt nickt. Erst
letztens leitete sie ihre kritische Anmerkung an mich vor
versammelter Mannschaft ein mit »Ich weiß nicht, ob du
dich darüber überhaupt schon einmal informiert hast,
aber …« Grrrrr, grrrrr, grrrr. Bei der Fußball-WM 2014
hielt sie ein Referat von 16–18 Uhr und überzog dann
auch noch, obwohl das Deutschlandspiel um 18 Uhr an-
gepfiffen wurde. Ich rutschte nervös auf meinem Stuhl
herum und überlegte schon, einfach leise zu gehen, als
vom Referentenpult Alexandras Stimme kam, die zum
Dozenten gewandt sagte: »Also ich fände es ja wichtig,
die restlichen Aspekte zu beleuchten, aber andere – Fin-

gerzeig auf mich!! – finden es wahrscheinlich wichtiger, Fußball zu schauen«, gefolgt von einem genervten »diese Banausen«-Augenrollen. Vielleicht hat noch jemand seine eigene Alexandra und versteht, welche Mordgelüste mich ab und an durch mein Studium begleitet haben. Es gibt sie an jeder Uni.

Genauso wie die stillen Mäuschen, die jahrelang mit keinem reden und lautlos aus der Seminartür huschen, sobald die anderen mit dem Abschluss-Klopfen angefangen haben. Wenn sie ein Referat halten, dann mit gehauchter Flüsterstimme, auch wenn der Inhalt meistens besser ist als alles, was vorhergehende Redner selbstbewusst herumposaunt haben. Keiner kennt sie wirklich, und irgendwann machen sie sang- und klanglos ihren Summa-cum-laude-Abschluss und verschwinden in ihre stille Welt. Wo auch immer das sein mag, denn gefragt hat sie meistens keiner. Ich habe mehrere solcher Mäuschen kennengelernt, und sie waren komischerweise immer Mädchen mit glatthaarigem Pagenkopf. Sie werden vollkommen überrannt von den sich produzierenden Strebern, für mich für alle Zeiten mit dem Namen Raoul verknüpft. Raoul saß in meiner Einführung in die Methodik der Kunstgeschichte, wenn man mich fragt, die langweiligste Veranstaltung, in der ich in meinem ganzen Studium war. Wir mussten nur haufenweise Texte in einem sehr, sehr schweren Reader lesen, den ich auch noch selbst im Copyshop abholen und mit zehn Euro bezahlen musste, obwohl ich in diesem Moment schon wusste, dass ich keinen einzigen Text davon lesen würde. Reader sind für mich ein Graus, und ich lese auch nicht gerne Abhandlungen über den feministischen Ansatz in der Kunstgeschichte von Svetlana Alpers oder die Interpretationen von Farben und Linien von Max Imdahl. Natürlich las Raoul jeden einzelnen, beziehungsweise hätte er jeden einzelnen Text gelesen, wenn er sie nicht schon alle freiwillig in den Semestern davor inhaliert und auswendig gelernt hätte. Er war der Typ Student, der sich pro Sitzung zehnmal meldet und jeden Redebeitrag mit verschmitztem Lächeln und der Wendung »Wie schon [Nachname eines berühmten Wissenschaftlers einsetzen] sagte …« Streber gibt es an der Uni genügend. Eigentlich ist es jeder, auch ich, denn auch ich habe ja schließlich keine Lust, durch Prüfungen zu fallen oder eine schlechte Hausarbeitsnote nach der anderen zu kassieren. Es ist ja auch schön und richtig, wenn man sich bemüht und lernt, dazu ist man ja da. Nur passiert etwas Seltsames, sobald man von der Schule an die Uni kommt. Auf der Schule war cool, wer nichts für die Klausur gelernt hatte oder das zumindest am überzeugendsten behauptete. Auf der Uni prahlt plötzlich jeder damit, was er alles gelernt hat. Es wird von wochenlangen und wahnsinnig anstrengenden Nachtschichten in der Uni-Bib erzählt, von literweise Kaffee oder Fritz Cola, von seitenlangen Literaturlisten, die abgearbeitet wurden, von zusätzlicher Fernleihe-Recherche und sehnenscheidenentzündungshervorrufenden Tipporgien beim Schreiben der furchtbar langen und sehr, sehr genialen Hausarbeit mit ausgefallener Forschungsthese. Wenn man alles davon glaubt, dann lässt man sich innerhalb von drei Wochen so ins Bockshorn jagen, dass man entweder hektisch versucht, auf ein ebenso großes Lernpensum zu kommen, oder gleich die Flinte ins Korn wirft, weil man sich als einzig dummer und fauler Mensch weit und breit fühlt, den nur ein grausamer Zufall in die intellektuelle Welt der Universität verschlagen hat. Beides sollte man erst gar nicht anfangen, denn meiner Erfahrung nach ist es wie mit der Schulprahlerei, wie wenig man gelernt und wie viel man stattdessen gefeiert hat: Nimm die Hälfte, und man kommt in etwa hin. Das habe ich ein für alle Mal bei der Mittelhochdeutsch-Klausur gelernt: Mittelhochdeutsch war der Schrecken jedes Erstis in Germanistik. Wir alle hörten ein ganzes Semester lang Schauergeschichten über diese gnadenlose Siebklausur, mit der am Ende des ersten Semesters Heerscharen hoffnungsfroher angehender Germanisten brutal aus der Uni katapultiert würden. Nur ein Drittel würde jemals bestehen, der Rest wäre deutschlandweit für das Germanistikstudium gesperrt und sollte sich besser gleich ein Erdloch suchen. Der Mittelhochdeutsch-Kurs war auch tatsächlich kein Vergnügen. Wir übersetzten reihum jeder einen Satz, zweimal die Woche zwei Stunden lang. Ich war jedes Mal genauso nervös wie bei Übersetzungsübungen in Französisch in der neunten Klasse, und zwar aus demselben Grund wie damals: Ich verstand kein Wort und war zu faul und desinteressiert, um das durch Lernen zu ändern. Meine beiden Nebensitzerinnen ermahnten mich und erzählten mir, dass sie schon das dritte Semester in diesem Kurs säßen, weil sie sich nicht zur Klausuranmeldung trauten und jeden Tag Mittelhochdeutsch-Bücher bis tief in die Nacht wälzten. Ich war schockiert und begann, ängstlich nach »Lernhilfe Mittelhochdeutsch« zu googeln. Was soll ich sagen: Ich lernte drei Wochen jeden Tag ein bisschen was und schrieb in der Klausur irgendwie und mit viel Raten eine 2,7. Es wäre sowieso egal gewesen, weil mir bis dahin klargeworden war, dass es mit mir und Germanistik niemals etwas werden würde und ich schon die Exmatrikulation auf dem Schreibtisch liegen hatte. Aber seitdem weiß ich, dass schreckliche Siebklausurenmonster handzahmer sind, als man es sich unter Studenten zuraunt, und angstvolles Marathonlernen nichts ist, wovon man sich anstecken lassen muss.

Es gibt nicht nur die Streber und die Panikverbreiter, es gibt auch die Neider. Eigentlich seltsam, wenn man sich überlegt, wie viele Kommilitonen um einen herum sind. Objektiv könnte es einem egal sein, welche Note wer hat, in diesem riesigen Meer voller Studenten. Ist es aber nicht. Meine Freundin Sarah hatte einmal gemeinsam mit ihrer Freundin Nele dieselbe mündliche Prüfung im selben Semester beim selben Dozenten. Sarah bekam eine Eins, Nele eine Zwei. Am selben Abend rief Nele Sarah an, sie war kaum zu verstehen, denn sie weinte und brüllte zur gleichen Zeit, aber letztlich verstand man dann doch, dass sie Sarah eine »blöde Bitch« nannte, die »immer, immer, immer besser ist als ich«.

Es gibt aber nicht nur dieselben Neid-Aussetzer wie in der Schule, sondern auch dasselbe Mobbing. Glaubt man erst gar nicht, denn eigentlich sieht man ja die meisten Kommilitonen sowieso nur mal zufällig in einem Seminar und im nächsten Semester dann schon nicht mehr. Aber Mobber gibt es eben doch, wenn das Institut klein und die Langeweile groß genug ist. Im Ostasieninstitut, das weiß ich von einer Freundin, gibt es zum Beispiel eine, bei der sogar der Dozent jedes Mal die Augen verdreht und seufzt, wenn sie sich meldet. Sie sagt ja vielleicht wirklich meistens komische Dinge, aber dass sie nicht einfach irgendwann weinend eine Exmatrikulation zum Studentenbüro getragen hat, nötigt mir Respekt ab. Es gibt natürlich auch die, die es mal verdient hätten, gemobbt zu werden. Zum Beispiel die Kommilitonin, die sich in dem Ersti-Tutorium »Bildbeschreibung« zu Da Vincis Abendmahl meldete und sagte, dass der Schlüssel zu diesem Bild die versteckte Maria Magdalena sei, wie man seit Dan Brown schließlich wisse. Oder Judith, die im Doktorandenkolloquium seit drei Semestern die Kunst perfektioniert, sich immer in der letzten Sitzungsminute zu melden und fünf bis sieben langwierige Fragen zum eben gehörten Referat zu stellen, so dass alle genervt und mit den Füßen scharrend zwanzig Minuten länger dableiben müssen, bis Madame alle ihre Fragen zufriedenstellend beantwortet sieht.

An Unis treiben sich deutlich mehr wirklich, wirklich seltsame Menschen herum, als man vielleicht so von außen denkt. In meinem ersten Semester lernte ich eine Germanistikstudentin kennen, die im Seminar nachfragte, was ein Akkusativ sei. Im zweiten Semester einen, der das Lied »Schatz, stoß noch mal auf, ich riech die Leberwurst so gern« laut in der Mensa sang. In meinem dritten Semester war es Leander Hammer, der mich von da an verfolgte. Er war sehr groß und sehr dünn, hatte sehr lange dunkle Haare und einen ebensolchen Ledermantel und saß von diesem Moment an in beinahe jeder Veranstaltung, in der ich auch saß. In Theologie, in Kunstgeschichte, in Archäologie, in Psychologie, als ich dort einmal mit einer Freundin zusammen einen fachfremden Schein machte. Sogar bei den Indologen, als ich dort mal drei Wochen lang in einer Vorlesung über Buddhismus saß. Es war wie verhext. Ich weiß bis heute nicht, was er studiert. (Wer es weiß, NICHT Leander Hammer heißt und es mir sagt, kriegt von mir einen Melonenschnaps spendiert.) Allerdings könnte er natürlich dasselbe irgendwie über mich sagen.

In meinem Ausbruch-Semester in Karlsruhe lernte ich Jule kennen, die mit ihrem Vater und dessen vier Frauen in einer Rainer-Langhans-Gedächtnis-Kommune lebte und mehr als zwanzig Halbgeschwister hatte. Als ich im Master zu den Byzantinischen Archäologen wechselte, war eine Fülle relativ seltsamer Menschen in diesem winzig kleinen Institut. Jeder kannte jeden, es gibt dort nur einen einzigen Dozenten und einen wissenschaftlichen Mitarbeiter und das war's. Eine Vorlesung im Semester, ein Seminar im Semester. Wir saßen also immer alle zusammen. Dort gab es zum Beispiel Tilmann, der sehr groß war und einen pinken Bob, engste Cordhosen und schwarz-rote Lackschuhe trug. Es gab einen ehemaligen Physikprofessor, der nun noch einmal studierte und Referat-Handouts handschriftlich machte. Und es gab Natascha, die nur Metal-T-Shirts und kurze Hosen trug, und zwar sowohl im Sommer- als auch im Wintersemester.

Aber das ist alles noch gar nichts gegen die Geister der Uni, die es überall gibt. Diese Gespenster, die jeder kennt, mit denen aber trotzdem niemals jemand geredet hat. Die angeblichen Matheprofessoren oder ehemaligen Geschichtsdozenten, die jetzt verwirrt und obdachlos sind und ab und zu in den Vorlesungen auftauchen. Die, die Genies ihres Jahrgangs wurden und darüber dann verrückt, und jetzt geistern sie seit Jahren durch Uni-Flure und Bibliotheken, raunt man sich zu. Solche Geschichten und solche Gestalten, die wirr und ungekämmt und ein bisschen wie der Weihnachtsmann aussehen und immer mal wieder in den Hörsaal-Bänken sitzen, gibt es an jeder Uni. An der Ruhruniversität Bochum gibt es dazu sogar einen Namen und eine Legende: Der ewige Student Hajo, der seit den Sechzigern durch die Flure spuken soll, immer bei der Arbeit an seiner Doktorarbeit, die perfekt werden muss und deshalb nie fertig wird. Auch Heidelberg hat seine Hajos, seine verkrachten Existenzen und wunderlichen alten Männer. Nicht immer sind sie alt und sehen aus, als würde die Geschichte um das verrückt gewordene Genie stimmen. Es gibt hier zum Beispiel auch Jesus, lang und sehnig und braungebrannt, mit langen, verfilzten Haaren und fisseligem Vollbart, der immer eher aussieht, als habe sich ein verlorengegangener Bergsteiger in die Uni-Aula verirrt. Oder die Oma mit der Helmfrisur und den lila Glitzerjacketts, die immer in der ersten Bankreihe sitzt und von Anfang bis Ende mit offenem Mund schläft. Ich liebe die Uni schon allein dafür, für ihre Freakshow und ihre Mythen, und hoffe, dass schon bald die Geschichte vom ewig geisternden Jesus entsteht, denn, das muss man sagen, die alten Mauern der Uni-Bibliothek Heidelberg würden sich in Gespenstergeschichten viel besser machen als die Bochumer Plattenbauten.

»Vier Tage Main-Tauber-Kreis, herrlich«

Exkursion ist ein Wort, das zumindest in der Kunst-geschichte sehr groß geschrieben wird. Schließlich will man ja die Werke im Original sehen. Man hat acht Pflichtexkursionstage, die man ableisten muss und für die jeweils Referate zu halten sind, immerhin ist man nicht im Urlaub. Das klingt sehr sinnvoll und eigentlich auch ganz schön, aber ich persönlich hatte mit meinen Exkur-sionen nur Pech.

Die erste ging mit dem Tutorium Bildbeschreibung in die Pinakothek in München. Die Pinakothek, eigent-lich wirklich schön, teilt sich in drei Häuser: Die alte, die neue und die moderne Pinakothek. Wir waren drei Tage dort und jeden Tag in einem anderen Haus. Den ganzen Tag, von morgens bis abends. Es war Anfang Dezember, und es war dunkel, wenn wir ins Museum rein-, und dun-kel, wenn wir wieder rausgingen. Die Museumshocker waren für uns aufgrund unseres jugendlichen Alters ver-boten. Die einzig schöne Erinnerung an diese drei dunk-len und wie im Rausch aus Gemälden, Referaten und schmerzenden Beinen vorbeiziehenden Tage war der

Hackbraten im Augustinerbräu und der Zug Richtung Heidelberg.

Die zweite Exkursion ging mit der Übung »Porzellan« in die Porzellanmanufaktur Frankfurt/Höchst und bedarf keiner weiteren Erklärung. Die dritte war eine viertägige Riemenschneider-Exkursion ins Hohenlohische, dem Brandenburg Baden-Württembergs. Ich war zum ersten Mal dort und wusste bis dahin nicht, dass es solche unbewohnten Regionen in Süddeutschland überhaupt gibt. Wir fuhren vier Tage lang durch Felder und Wiesen und Täler ohne ein einziges Haus, immer auf dem Weg zur nächsten zugigen Kirche mit einem Altar voller holzgeschnitzter Apostel. Einen ganzen Vormittag verbrachten wir in einem wahnsinnig kalten Kloster, über das unsere Dozentin leider promoviert hatte. Sie kannte jeden Stein dort und erzählte uns auch zu jedem etwas. Auch hier waren die Lichtblicke kulinarisch: Bratwurst in Würzburg und Frankfurter Kranz in hohenlohischen Cafés, in denen die Zeit seit den Fünfzigern stehengeblieben war: dicke Wirtinnen mit gestärkter weißer Schürze, Begonien in den Panoramafenstern und draußen nur Kännchen.

Die vierte Exkursion war wahrscheinlich die schlimmste, obwohl das Ziel ganz gut klang: drei Tage Köln. Aber die Fahrt war ausschließlich auf mittelalterliche Goldschreine ausgerichtet, und deswegen standen wir drei Tage lang in jeder Kirche, die im Stadtkern von Köln offen hatte, froren mal wieder sehr und schauten 27 identische goldene Schreine an, die alle aussahen wie sehr langgezogene kleine Häuser.

Köln generell ist nicht mein Pflaster. Die Innenstadt sieht aus wie jede Stadt, die nach dem Zweiten Weltkrieg sehr hurtig wieder aufgebaut werden musste, der Dom steht traurig eingequetscht neben dem Bahnhof, und diese Brücke mit den vielen Vorhängeschlössern finde ich nicht rührend, sondern eher bitter, weil ich mich frage, welche Sorte von Paar man sein muss, um sich zu denken, dass es eine schöne Idee ist, wenn man für seine einzigartige Liebe genau dasselbe Schloss an genau dieselbe Brücke hängt wie tausend einzigartige Paare vor einem. Allerdings wurde ich diesen Winter mit Köln etwas versöhnt: Ich besuchte meinen Freund Hansi dort während des Karnevals, obwohl mir jeder davon abgeraten hatte, zu dieser Zeit nach Köln zu fahren, wenn man nicht wegen des Karnevals hinfährt. Aber es war wunderbar: Es war der Samstag vor Rosenmontag, und wir liefen durch die Stadt und guckten Kostüme. Nachdem ich eine Ananas auf zwei Beinen und einen Bodybuilder in einem Tutu gesehen hatte, der aufgeregt in sein Handy sprach und dabei mit einem silbernen Zauberstab mit Glitzerstern auf der Spitze herumfuchtelte, war ich mit der Stadt versöhnt. Nur eine Kirche werde ich dort wirklich nie wieder besichtigen.

Wie viel besser waren die Exkursionen, als sie noch Schulausflug hießen. Sie waren irgendwie aufregend, weil man sich ja untereinander schon seit dem ersten Schultag im Gymnasium kannte, im Gegensatz zur Uni, in der sich die Reisegruppe meistens aus sich relativ unbekannten Leuten zusammenwürfelt, die hier sind, weil sie noch ein paar Pflichttage abhaken müssen, und die dann etwas beklommen miteinander das Doppelzimmer teilen. Im Schullandheim dagegen kannte man sich, es gab Streit- und Dramapotential unter den Mädchen, man war immer in irgendeinen verliebt, der auch dabei war, und vielleicht wurde am letzten Abend geknutscht.

In der neunten Klasse machten wir einen Schüleraustausch mit Irland, und seitdem bin ich Irlandfan. Ich verstehe immer noch nicht, warum das Gras tatsächlich irgendwo grüner sein kann als anderswo, weil grün eigentlich grün sein müsste, aber es ist wirklich so. Ich war zusammen mit einer Freundin bei den Bonzen der Kleinstadt in der Mitte von Irland untergebracht, mit weißer Villa, roter Flügeltür und elektrisch aufschwingendem Tor in der Gartenmauer. In Irland entdeckte ich, dass keine Zigaretten so gut schmecken wie Silk Cut lila, und dort aßen wir Skittles, bevor es sie hier in jedem Supermarkt gab. An einem Abend büchsten wir Deutschen mit ein paar wilden irischen Jungs aus und rannten über den videoüberwachten und Flutlicht-Bewegungsmelderbeleuchteten englischen Rasen des örtlichen Fünf-Sterne-Hotels zu einem Gartenschuppen. Dort tranken wir Bier und rauchten Silk Cut, und einige von uns deutschen Mädchen shifteten mit den irischen Jungs. »To shift« war die lokale Vokabel für Mit-Zunge-Küssen. Meine Freundin Nina, mit der ich in der Gastfamilie untergebracht war, hatte es schwer mit mir, weil ich das heimliche Rauchen auch in unserer Gastvilla nicht lassen konnte und den ältesten Sohn unserer Gastfamilie dazu brachte, mir regelmäßig Streichhölzer zu organisieren, indem ich ihm als Gegenleistung schmutzige deutsche Wörter beibrachte. Unsere moralischen Bedenken gegenüber unserer Gastfamilie sanken aber, als wir in unserem Gästebad den zerfledderten Pornohefte-Vorrat des Familienvaters fanden und uns der Gastopa mit glitzernden Augen fragte, ob wir vielleicht irgendwo ein Piercing hätten. Es war jedenfalls die tollste Klassenfahrt und entschädigte uns auch Jahre später für die ausfallenden Studienfahrten, die bis auf weiteres an unserer Schule gestrichen wurden, weil der Jahrgang über uns auf einer seiner Fahrten einen privaten Porno gedreht hatte.

Allerdings war auch nicht jeder Schüleraustausch toll. In der neunten Klasse, nach drei Monaten Französischunterricht, machten wir einen Ein-Tages-Austausch mit einer französischen Schule. Die Austauschschülerpaare wurden gelost, ich bekam Benoît. Benoît war ein miesepetriger blonder Junge, der kein Wort Deutsch konnte und sich weigerte, es auf Englisch zu versuchen. Wir verbrachten den Tag stumm nebeneinander. Der Rückbesuch in Frankreich blieb auch nicht besonders positiv in Erinnerung. Benoît beachtete mich nicht, und die Mensa der Schule war so, wie ich mir eine Bergbaukantine in den Fünfzigern vorstelle. Als ich wenige Jahre später »Französisch für Anfänger« mit dem Teeniekreis anschaute, fühlte ich mich ordentlich betrogen.

In der Uni jedenfalls vermochte mich das Ganze nicht mehr vom Hocker zu hauen, und spätestens im Doktorandenkolloquium, in dem die Teilnahme an den dortigen Exkursionen nicht mehr Pflicht, sondern eher »freiwillige Erwartung« war, entwickelte ich einen großen Ehrgeiz, sie zu umgehen.

Wie dreist ist zu dreist, wenn es um eine Ausrede geht, warum man nicht teilnehmen kann? Normalerweise schleppe ich mich anstandshalber auf eine Tagesexkursion pro Semester. Dieses Semester fiel diese allerdings auf einen Tag, an dem sehr schönes Wetter war, weswegen ich noch am selben Morgen einen dringenden Termin ungenannter Natur vortäuschte, denn ich musste leider dringend ins Freibad. Feste feiern, wie sie fallen. Es war mir nicht mal zu blöd, eine Sprunggelenksschiene, die sehr bedrohlich aussieht und bei mir daheim vom letzten Beinbruch rumsteht, zwei Wochen lang prophylaktisch ins Kolloquium anzuziehen, um in der dritten Woche einen realistischen Grund zu haben, leider nicht auf die stehintensive Tagesexkursion in die Stuttgarter Kunsthalle mitzumüssen. Kindisch? Ja. Erfolgreich? Ja.

Einmal bin ich allerdings mitgegangen, in eine Ausstellung französischer Rokokomalerei in der Staatlichen Kunsthalle. Es war ein regnerischer Tag im April, und ich lief neben dem Dozenten her, als ich aus Versehen in eine Pfütze trat. Meine Reaktion (»Fuck!«) klang im Nachhinein schon etwas unpassend in meinen Ohren. Als ich eine halbe Stunde später mit der Doktorandengruppe vor einem Gemälde stand, trat ich noch einmal ins Fettnäpfchen, dabei war der Dozent gar nicht im Raum. Es war ein Gemälde eines nackten, im Schlaf dahingegossenen Jünglings, aber etwas Entscheidendes fehlte. Das irritierte mich, und ich dachte, ich spräche aus, was alle beschäftigte: »Irgendwie hat er keinen Penis …« Es folgte kurze Stille, dann schauten mich vierzehn Kunstgeschichtsdoktorandinnen mit diesem pikierten »Sie hat Penis gesagt«-Gesicht an, und ich floh in Richtung des Kupferstichkabinetts. Ich habe den Eindruck, es ist keiner traurig, wenn ich weiterhin bei den Exkursionen durch Abwesenheit glänze.

»Ich dachte, als Bachelor verteilt man auf RTL Rosen«

Warum sagen eigentlich so viele Leute Thesis anstatt Bachelorarbeit? Bin ich die Einzige, die das Wort Thesis irgendwie ein bisschen affig findet für eine Vierzig-Seiten-Arbeit, also quasi zwei Hauptseminararbeiten aneinandergehängt? Hat man früher auch Magisterthesis gesagt? Ich glaube nicht. Laut dem Wikipedia-Artikel »Bachelorarbeit« ist es aus dem Englischen übernommen, und ich gebe zu, dass das natürlich auch irgendwie sinnvoll ist, weil Bachelor ja auch ein englisches Wort ist. Übrigens nicht nur für den Abschluss, sondern auch für Junggesellen. Weiß jeder, denkt man. Aber noch vor zehn Tagen habe ich in der Straßenbahn ein Gespräch zwischen zwei Mädchen gehört, von denen ich zufällig weiß, dass sie beide letzten Sommer Abi gemacht haben und jetzt BWL auf einer Privat-Uni studieren. Mädchen 1: »Der Typ, der dieses Jahr bei RTL Bachelor ist, der hat auch wirklich 'nen Bachelor. Fitness-Bachelor oder so.« Mädchen 2: »Haja, klar, sonst würd' ja auch die Sendung nicht Bachelor heißen.« Mädchen 1: »Aber ich glaub, die anderen Typen, die bisher Bachelor waren, hatten keinen

Bachelor.« Mädchen 2: »Hä, wieso durften die dann mitmachen? Wenn doch die Sendung extra so heißt?« Mädchen 1: »Stimmt. Unlogisch.« Wirklich so passiert, ich
schwöre. Ich würd's bei Neon »Deutsche Geschichten«
einsenden, wenn ich's nicht jetzt schon hier geschrieben
hätte.

Drei Semester lang war ich mir sicher, dass ich meine
Bachelorarbeit über Nixen in der Kunst schreiben würde.
Fand ich irgendwie cool, vielleicht kam da meine frühere
Begeisterung für Ocean Girl noch mal so richtig raus.
Oder für Arielle, die hab ich ja auch geliebt. Bis heute
traue ich niemandem, der Ursula heißt. Als ich aber mein
Thema meinem Bachelorarbeitsbetreuer vorschlug, fand
er es wesentlich weniger cool und bat mich, mir doch
vielleicht ein ernsthaftes Thema auszusuchen. »Max Imdahl und das Konzept des Transzendenten in der rumä-
nischen Postmoderne« oder etwas in die Richtung. Es
gibt ja die irrsten Abschlussarbeitsthemen. Wenn man im
Internet nach lustigen, in den letzten Jahren irgendwo
eingereichten Arbeiten sucht, dann findet man unter anderem: »Texturbestimmung von handelsüblichen Cere-
alien«, »Tango als Ausdruck der Melancholie in der mo-
dernen Gesellschaft«, »Steuerung der Wasserqualität nach
N-Bilanzierung durch Pufferung oder Denitrifikation in
einer Anlage mit Wasserrückführung zur Forellenmast«,
»Sprachliche Organisation der Kommunikation im Se-
nioren-Chat Feier@bend« und – ich wünschte, mir wäre
das eingefallen – »Die Simpsons, Springfield und die

USA. Was wirklich hinter der gelben Kleinstadt steckt«. Dass hinter hochtrabenden Titeln oft relativ wenig Erkenntnisgewinn steckt, wissen wir ja alle, seit es »lol, my thesis« (Jeder sagt in einem Satz, worum es in seiner Arbeit geht) auf Spiegel Online schaffte. Meine Bachelorarbeit und meine Masterarbeit, das kann ich hier gleich sagen, lassen sich leider auch ziemlich klein in die beiden Sätze »Madame de Pompadour war ein ganz schön gerissenes Luder« und »Religiöse Maler malen religiöse Bilder« zusammenfalten.

Ich schrieb also, es klingt hier schon an, zum Schluss meinen Bachelor nicht über Nixen, sondern über Porträts von Madame de Pompadour, und das war eigentlich auch ganz okay. Leider schrieb ich aber im Sommersemester. Ich möchte hier allen Erstsemestern oder zumindest allen, die noch nicht ganz kurz vorm Bachelorthema-Anmelden sind, den heißen Tipp geben, lieber ein Semester länger zu studieren (zumindest, falls sie im Wintersemester angefangen haben). Denn dann fallen Bachelorarbeitsmühen und Sommer nicht so ungünstig zusammen. Ich saß jedenfalls zehn Wochen sehr missmutig in diversen Institutsbibliotheken und sah draußen unverhältnismäßig viele braungebrannte, schöne junge Menschen in Espadrilles und schwingenden Röckchen vorbeilaufen, lachend und glücklich, während ich im überklimatisierten Lesesaal fröstelnd die Strickjacke enger um meinen madig-weißen Leib zog. Eines ist aber egal, ob Sommer oder Winter: Irgendjemand direkt neben dir schnieft immer, entweder wegen der Grippewelle oder wegen der Hasel-Allergie. Ich finde, dass in dem Moment, in dem man ohne Idee und ohne Motivation vor seinem Laptop sitzt und außer den Formatierungen der Seitenränder seit zwei Stunden noch überhaupt nichts gemacht hat, das irgendwie die Arbeit vorangetrieben hätte, alle Geräusche um einen herum plötzlich zu einem nervtötenden Crescendo anschwellen voller lauter Buchblätterei, Schniefen, überlastet-brummenden Laptop-Lüftungen, pseudogeflüsterten Gesprächen, zischend geöffneten 1,5-Liter-Mineralwasserflaschen »classic« und nervösem Kugelschreiberklicken. Ich schwöre es, manche schreiben sogar unverschämt laut auf Papier. Man selbst sitzt dann da, hört das alles so laut wie diese Dschungel-Nacht-Geräusche-Aufnahmen in »Abenteuer Erde« und starrt und starrt auf das weiße, leere Word/Open Office/irgendwas von Apple-Dokument, und irgendwann gibt man auf, entwirrt die leider mitgebrachten Kopfhörer und schaut eine Folge Game of Thrones. Schlimmer als all diese Geräusche finde ich persönlich aber das, was ich streberhaftes Tippen nenne. Dieses selbstzufriedene, schnelle Tippen, das allen sagt: »Hört her, ihr Loser, hier sitze ich und schreibe in Sekundenschnelle eine Seite … uuuuuuund wieder eine Seite von meiner hervorragenden Arbeit, die mühelos den Fachpreis in Wirtschaftsmathe UND Ethnologie gewinnen wird und die mir obendrein Spaß macht. P. S.: Ich habe ein Semester übersprungen.«

Die Uni-Bibliothek wirkt wie ein friedlicher Ort voller ernsthaft arbeitender Menschen, junge Talente, frisch und motiviert, die sich emsig über Bücher und Spiralblöcke und Laptop-Tastaturen beugen und unverbrauchte Ideen zu Papier bringen. In Wirklichkeit ist es ein Ort, der nach Stressschweiß riecht, nach aggressiv gekauten Kaugummis, ein Ort voller böser Blicke, Mordgedanken, Selbstzweifel und hier und da einem selbstzufriedenen Tipper-Lächeln nach allen Seiten. Ich wette, dass es der Ort ist, an dem am meisten nach Ersatzstudiengängen oder Spiegel Online-»Karriere«-Artikeln »Ohne Studium geht es auch« gegoogelt wird. Es ist die Wildbahn der Uni, machen wir uns doch da nichts vor.

Am Anfang ging es jedenfalls mit meiner Bachelorarbeit gut voran, denn das ist auch die Phase, in der man nette Dinge tut: erst mal ein bisschen rumlesen, so querbeet, und was man eben so interessant findet. Ein paar Porträts von Madame de Pompadour angucken, in meinem Fall. Gedankenverlorene Mindmaps auf jungfräuliche Blockseiten zeichnen und allen erzählen, dass man eigentlich schon recht weit ist. Das erzählt man vor allem deswegen, weil man es auch wirklich selber glaubt. Dann kommt die Phase, die irgendwie nicht mehr so federleicht ist, aber trotzdem noch okay. Ein bisschen anfangen zu schreiben. Muss ja noch nicht perfekt sein, Hauptsache, es steht schon mal was da. Da kann man ja später noch mal drübergehen, und außerdem: Es sind ja noch sechs Wochen, eine Ewigkeit. Das ist die Zeit der gelbmarkierten Textstellen und in Klammern gesetzten Großbuchstaben-Anweisungen wie (HIER NOCH WEITERSCHREIBEN) oder (NOCH MAL NACH-GUCKEN). Ich schreibe manchmal sogar (BITTE NOCH MAL NACHGUCKEN), bin also sehr höflich zu mir selbst. Ein, zwei, drei Tage Pause dazwischen wird man sich ja wohl auch noch gönnen dürfen.

Tja, und dann hat man plötzlich nur noch eine Woche, weiß nicht mehr genau, wo das eigentlich stand, das man da BITTE NOCH MAL NACHGUCKEN wollte, gleichzeitig ist die Motivation, es herauszufinden, sehr gering, und überhaupt will man den ganzen Text am liebsten nicht mehr sehen. Zum Schluss steht man im Co-pyshop und fleht den Dreadstragenden und wesentlich zu entspannten Mitarbeiter an, die Arbeit in fünf Minu-ten zu drucken und zu binden. Mit cremefarbenem Ein-band, den man sofort wieder bereut, nachdem man die Arbeiten hektisch in einer Tasche voller Krimskrams ins Prüfungsamt gezerrt hat und beim Auspacken schon merkt, dass vorne drauf jetzt ein paar seltsame graue Fle-cken sind. Ich habe, das muss ich ohne jeden Stolz sagen, den Creme-Fehler tatsächlich sowohl beim Bachelor als auch beim Master gemacht, und deswegen jetzt zwei Ar-beiten im Regal stehen, die aussehen, als hätte ich sie auf dem Flohmarkt gekauft. Immerhin war ich allerdings nie so knapp dran mit dem Abgeben, dass es nicht wenigs-tens noch dafür gereicht hätte, mein Werk diversen net-ten Menschen zu schicken, die es dann Korrektur lesen mussten und allesamt bis heute auf das ihnen von mir als Lohn versprochene Mittagessen beim Studenten-Inder warten. Einer der schlimmsten Momente beim Schreiben einer Abschlussarbeit ist meines Erachtens der, in dem man dann das Ganze von den ehrenamtlichen Korrekturlesern wieder zurückbekommt. Man sieht die Mail »Fdw: Daaaaanke schon mal fürs Korrekturlesen <3«, und der Mund wird trocken, während man den Anhang öffnet. Da ist er: Der eigene Text, aber man erkennt ihn kaum, vor lauter rotgelber Word-Kommentar-Funktion. Und man hasst für eine halbe Minute erstens den Korrekturleser und zweitens das ganze Leben. Denn nun muss man das alles wirklich noch mal durchgehen, obwohl man es nicht mehr sehen und hören kann, und die tausend Kommentare durcharbeiten, die leider nicht nur fehlende Kommas anmerken, sondern auch Hinweise enthalten wie »Hier finde ich, dass du mehr Belege brauchst« und »der Absatz klingt unlogisch«. Den schlimmsten Kommentar tat mir mein Freund Niels einen Tag vor Abgabefrist der Masterarbeit an, als er ernsthaft unter mein mir mühsam abgerungenes Fazit in schreiendem Rot Folgendes tippte: »Finde dein Ergebnis etwas dünn.« Wahrscheinlich war es dünn. Aber selbst, wenn ich eines Tages dann doch mit allen fleißigen Korrekturlesern eine bombastische Chicken Tikka Masala-Orgie veranstalten werde, bei der Mango-Lassi in Strömen fließt, weiß ich einen, der nicht eingeladen sein wird.

Aber ich will nicht jammern: Immerhin hatte ich wie

gesagt immer noch ein bisschen Zeit, um wenigstens die schlimmsten Satzverdreher und die übersehenen (BE-LEG FEHLT) Anmerkungen noch vor der Abgabe aus-zumerzen. Meine Freundin Sarah nicht. Sie machte den Fehler, ihre in allerletzter Sekunde gedruckte und deswe-gen genau nullmal korrekturgelesene Bachelorarbeit zum Thema »Kleist und das Motiv des Weltschmerzes« auf dem Weg zum Prüfungsamt noch einmal aufzuschla-gen. Auf der ersten Seite fand sie sechs Tippfehler sowie ein (???ACHTUNG, VLLT RAUSLASSEN!). Die rest-lichen Seiten schaute sie dann lieber gar nicht mehr an.

»Und für Ihre weitere
Zukunft alles Gute«

Irgendwann ist es ja rum. Egal, wie viele Semester man
drangehängt und wie oft man sein Nebenfach gewechselt hat: Irgendwann ist der letzte Tag da. Extrem enttäu-
schend war da vor allem mein Bachelor. Nachdem ich
zehn Zacken zu oft mit wässrigen Äuglein gerührt ver-
folgt hatte, wie Rory bei Gilmore Girls an ihrem Ab-
schlusstag im typisch amerikanischen schwarzen Mantel
und dem viereckigen Hut mit Bommel eine frenetisch be-
klatschte Abschlussrede hält, war ich mir sicher, dass
auch der Tag meines Abschlusses ein fulminantes Erleb-
nis werden würde. Diese Vorstellung wurde noch unter-
füttert durch eine tatsächliche Feier der Mannheimer
BWL-irgendwas-Absolventen, die ich einmal mit besag-
ten Hüten durch Mannheim ziehen sah. Also so ein Hut
hätte jetzt nicht unbedingt sein müssen, aber halt irgendwie was Feierliches mit Reden und Champagner und
einem Zeugnis auf Büttenpapier in einer cremefarbenen
DinA3-Mappe hätte es schon sein dürfen. Es wurde
natürlich nicht so. Es saßen einige wenige, die sich überhaupt die Mühe gemacht hatten zu kommen, im zugigs-

ten und unspektakulärsten aller Hörsäle meines Institutes auf den Holzbänken, und in Windeseile wurden kurz die Namen der Absolventen aufgerufen, die Zeugnisse ausgehändigt sowie das Thema der jeweiligen Bachelorarbeit genannt, wobei der Institutsleiter mehrfach in der Zeile verrutschte und so meiner Freundin Nathalie beispielsweise eine Arbeit über den »Formschnitt in Barockgärten« zuordnete, was nur wenig mit ihrem tatsächlichen Thema zu tun hatte: »Die Architektur des Münchner Olympiastadions«. Immerhin reichte es zu einer Flasche Sekt, die sich allerdings aufgrund eines dringenden Anschlusstermins des Institutsleiters doch bitte jeder an der Tür aus dem Karton nehmen sollte. Ich ging desillusioniert vom Platz und war froh, wenigstens keine hohen Schuhe angezogen zu haben. Mein Masterzeugnis wurde mir dagegen kommentarlos in einem vom Regen gezeichneten Umschlag zugeschickt, und das fand ich sogar fast ehrlicher.

Inzwischen klinge ich oft wie jemand, der mit dem realen Leben kaum etwas zu tun hat, das weiß ich auch. Aber meine Dissertation neigt sich dem Ende zu, ich muss also raus und vielleicht auch selber Geld verdienen. Mitte zwanzig endet das Kindergeld, die Versicherung klopft an und will mehr Geld, insgesamt sind sich alle einig, dass man in dem Alter auf jeden Fall seine eigene Wohnung hat und sich die Versicherungssteigerung und das wegfallende Kindergeld gut leisten kann, weil man ja schon arbeitet und kreischend der langweiligen Freunde-

Kochgruppe die Tropenholz-Pfeffermühle für achtzig Euro vorführt.

Darum bewerbe ich mich momentan, kaufe streber-hafte Mappen mit Schuber in schwarz, rot, blau und weiß und große braune Papierumschläge, bei denen der Leck-Streifen nie so richtig hält und man deswegen erst ge-nervt draufhaut und dann versucht, die sich hochrollen-den Ecken noch mal so zu belecken, dass es einerseits besser klebt, aber andererseits nicht das Papier drumhe-rum voller peinlicher Spuckeflecken ist.

Beim Bewerbungsfotografen war ich natürlich auch, in seinem semiprivaten Fotostudio drei Altbauwohnungen weiter. Erst wollte ich keinen Blazer dafür anziehen, weil ich nicht BWL studiert habe, genauso wie ich eine von diesen Ich-arbeite-bei-der-Bank-Blusen abgelehnt habe, die so steif sind, dass sie, wenn man die Arme erst schnell hebt und dann schnell wieder runtermacht, große Luft-polster an den Schultern hinterlassen. Der Fotograf hat mich trotzdem zum Blazer überredet und auch dazu, meine Haare zumindest ein bisschen mit Klammern aus dem Gesicht zu stecken. Es wurde also doch nicht das wild-unkonventionelle Bild mit aufregender Locken-mähne, das ich mir vorgestellt hatte. Jetzt sehe ich aus wie jeder andere, der sich ein bisschen anbiedert, weil er kurz vor knapp auch auf dem Boden der Tatsachen angekom-men ist. Schweineteuer sind solche Bewerbungsfotos, siebzig Euro habe ich gezahlt für fünf Abzüge und eine CD. Und dann noch mal zwanzig Euro im Copyshop für

Ausdrucke des Lebenslaufs mit Foto, für die man sich von der Qualität her nicht schämen muss. Lebensläufe sind etwas, das bei jedem anders aussehen sollte, weil kein Leben gleich ist. Aber wenn man die Lebensläufe von mir und meinen Freunden und auch denen, die garantiert nicht meine Freunde sind, nebeneinanderlegt, dann sind sie wie Hanni und Nanni: Schule, Abi, Work and Travel in Australien, Abstecher Neuseeland, irgendwas studiert zwischen Geschichte auf Lehramt und BWL mit Nebenfach Politik, Praktika, Sprachscheine, Erasmus-Semester in Barcelona oder Stockholm, Bachelor, Auslandspraktika, Master mit International drin. Personaler zu sein, das könnte ich mir vorstellen, war mal interessanter als momentan.

Ich habe ein spezielles System für meine Jobsuche erfunden. Sie ist in drei Runden aufgeteilt. Runde eins der Bewerbungen war die Phantasierunde. Ich habe mich auf völlig hochrangige und extrem unwahrscheinlich zu ergatternde Jobs beworben. Zum Beispiel bei der Vogue, bei Jung von Matt, beim SWR und bei der Odenwaldschule und bei Salem als Kunstlehrerin. Alles Stellen, die ich in einem Paralleluniversum gerne hätte. Ich wollte es zumindest mal versucht haben. Außerdem ist es ein surreales, aber gutes Gefühl, bei der Poststelle mehrere illuster adressierte Umschläge abzugeben. Von der Vogue kam gar nichts zurück, und das, obwohl ich in einer zugigen Märznacht irgendwo in den Mannheimer Quadraten sogar einen gewissen Nico kennengelernt hatte,

Ganzkörper-bunt-tätowiert und mit interessant gefärbtem Undercut, der sich mir als ehemaliger Vogue-Stylist vorstellte und mir versprach, ein gutes Wort für mich einzulegen. Zwei Stunden später tanzte er in Unterhose auf dem Tresen und ließ sich dabei mit dem Gläserspülschlauch nassmachen. Mir hätte da schon klar sein sollen, dass er sein Angebot morgen vergessen haben würde. Naiverweise gab ich mich trotzdem bestimmt drei Wochen der Vorstellung hin, bald einen kometenhaften Aufstieg bei der Vogue hinzulegen und Anna Wintour persönlich zu sagen, dass ihre Haare aussehen wie ein Helm.

Der Rest meiner Phantasierunden-Bewerbungsempfänger schickte aber zumindest eine artige Absage, und das war irgendwie schon fast egal, weil es schon cool genug war, überhaupt einen Brief von Jung von Matt mit meinem Namen darauf aus dem Briefkasten zu fischen. Salem, das muss ich sagen, überlegte sich sogar tatsächlich eine Weile, mich einzustellen, sagte dann aber letztendlich doch ab. Damit rückte mein Dolly-Hanni und Nanni-Lebenstraum, einmal in einem Internat zu wohnen, wieder in weite Ferne. Aber egal, ich hatte es versucht, und ich kann diese Promi-Bewerbungsrunde sehr empfehlen.

Die nächste Runde waren dann die vernünftigen Bewerbungen. Die auf ganz passable Stellen in meinem Bereich, für die ich tatsächlich ausgebildet bin. Ich bewarb mich bei der Staatlichen Schlösser- und Gärtenverwaltung, beim Denkmalpflegeamt, beim Landesmuseum und kassierte eine Absage nach der anderen. Momentan bin ich in Phase drei, das ist die deprimierendste Runde. Ich bewerbe mich inzwischen auf Teilzeitsekretärinnenstellen, auf befristete Projektstellen als Studienberaterin diverser Hochschulen und sogar auf eine Halbtagsstelle in einem Pflanzencenter. Bisher kamen, da bin ich ja jetzt trainiert, nur Absagen. Eine Freundin von mir bekam letztens sogar eine von Aldi als Kassenmitarbeiterin. Mit Einser-Geschichts-Master.

Meine Mitbewohnerin Sarah sucht seit einem Dreivierteljahr eine Stelle, mit einem Eins-komma-Master in Global History und Germanistik, Auslandssemester, Sprachscheine, einem Stipendium der Studienstiftung, Praktikum beim Goethe-Institut sowie tatsächlich vorhandenen und nicht nur behaupteten Typo 3-Kenntnissen. Die beste Stelle, die ihr bisher angeboten wurde, wäre auf ein Jahr befristet und mit 600 Euro brutto bezahlt gewesen. Mehrere andere hätten sie sofort eingestellt – aber ohne Gehalt. Ich weiß nicht, was in Leuten vorgeht, die selber Geld für ihre Arbeit bekommen, wenn sie zu Leuten mit abgeschlossenem Masterstudium sagen: »Wir heißen Sie in unserem Team willkommen. Von einem Gehalt müssen wir allerdings leider absehen.«

Ich selber habe mich erst neulich auf ein Volontariat im Kulturressort eines Provinzblatts beworben. Zurück kam eine unfassbar herablassende Mail: Ich hätte zwar in Kunstgeschichte promoviert, allerdings fehle mir das zusätzliche musikwissenschaftliche Studium, denn natürlich müsse ein Volontär für eine Zeitung ihres Kleinstadt-Kalibers in beiden Sparten auf höchstem Niveau beschlagen sein. Ob ich allerdings Interesse an einem sechsmonatigen unbezahlten Praktikum hätte. Ich war so wütend, dass ich im Geiste viele bissige Mails formulierte, in denen ich süffisant schreiben wollte, dass man, um den Auftritt des örtlichen Dorflaienchors richtig einordnen zu können, natürlich schon am Konservatorium studiert haben muss, aber leider habe ich keine einzige davon wirklich abgeschickt. An dieser Stelle darum eben jetzt herzliche Grüße an Herrn Limburger.

Unter die Top 5 der absurdesten Absagen kommt allerdings auch das Diakonische Werk. Dort hatte ich mich voller Verzweiflung komplett fachfremd auf eine Halbtagsstelle beworben, ohne natürlich jemals Kranke gewaschen oder Omas mit dem Rollstuhl aufs Klo gefahren zu haben. Zurück kam folgende Absage: »Sehr geehrte Bewerberin, leider können wir Sie trotz ihrer reichen Berufserfahrung im pflegerischen Bereich und ihrer vielfältigen Qualifikationen momentan nicht beschäftigen.« Ich meine … es war mir schon klar, dass Absagebriefe standardisiert werden, aber dass man zumindest vielleicht ein, zwei Versionen dieses Standards hat, hätte ich schon erwartet.

Inzwischen bekomme ich nicht nur Fließbandabsagen, sondern schicke auch Fließbandbewerbungen weg. Ich kann mir nicht mehr merken, wo ich mich überall beworben habe. Das führt dann zu solchen Telefonaten wie neulich, als mich ein Mann von einer Firma, von der ich geschworen hätte, sie noch nie gehört zu haben, anrief und meinte, ich hätte mich bei ihnen zwar für einen Sekretärinnenposten beworben, ob ich mir aber auch vorstellen könne, im Autoteile-Zulieferbereich zu arbeiten. Konnte ich nicht. Ich konnte auch später nicht mehr rekonstruieren, wann und warum ich mich überhaupt dort beworben hatte. Am Anfang habe ich mir auch noch Mühe mit dem Anschreiben gegeben, immerhin glaubte ich da noch, dass es jemand lesen würde. Aber spätestens nach der Diakonie-Absage weiß ich, dass sich die Mühe kaum einer macht. Darum schreibe ich inzwischen einfach irgendwas. Ich habe drei standardisierte Anschreiben verfasst – eins für kunsthistorische Stellen, eins für journalistische und eins für sämtliche andere Bürostellen – und modifiziere dann in den einzelnen Bewerbungen nur noch ein bisschen mit dem jeweiligen Firmennamen, so dass es einigermaßen auf die Stelle passt. Ich mache jetzt auch Experimente, seit ich das Gefühl habe, sowieso nichts zu verlieren zu haben. Letztens habe ich exakt dieselbe Bewerbung noch einmal an das gleiche Lektorat verschickt, nachdem dieses dieselbe Stelle noch einmal ausschrieb, für die ich schon einmal eine Absage bekommen hatte. Einfach um zu gucken, ob es jemand merkt. Ich habe an eine PR-Agentur, die einen Texterjob für »eine angemessene Aufwandsentschädigung« zu vergeben hatte, geschrieben, dass der Mensch nicht vom Wort allein lebt. Weil ich so viele Bewerbungen schreibe, werde ich langsam auch schludrig, anders kann ich mir nicht erklären, wie von der Uni-Verwaltung Karlsruhe, bei der ich mich für eine 50 %-Stelle beworben hatte, folgender Brief kam: »Sehr geehrte Bewerberin, um Ihre Bewerbung besser beurteilen zu können, bitten wir um die Nachreichung des folgenden Dokuments: das Anschreiben.« Ich hatte anscheinend eine leere Mail mit Lebenslauf- und Zeugnisanhang verschickt.

Viele denken, man ist selber schuld daran, wenn man halt Kunstgeschichte studiert, aber seit ich einem Freund mit Einser-Master in BWL zugeguckt habe, wie er ein halbes Jahr nach der Uni immer noch keinen Job hatte, weiß ich, dass BWL auch nicht mehr der Heilige Gral der Goldene-Zukunfts-Studiengänge ist. Wir sind einfach zu viele. Als meine Mutter in der vierten Klasse war, bekamen außer ihr noch zwei andere Kinder eine Gymnasialempfehlung. Alle anderen machten einen Hauptschulabschluss, vielleicht sogar Realschule, und dann eine Ausbildung zu irgendwas. Ohne Zukunftsangst, weil nämlich der Großteil das genauso machte. Es war eben noch nicht so, dass mehr als die Hälfte eines Jahrgangs sich zum Abi murkste und dann in die Ausbildungsstellen und auf die Treppenstufen in den überfüllten Hörsälen drängelte. In den letzten Semestern fingen jedes Mal zuverlässig etwa fünfhundert Erstsemester in Heidelberg mit Jura an. So viele Straftaten kann der arbeitslose Rest gar nicht begehen, um all diese Juristen zu brauchen.

Trotzdem kann ich meine Augen nicht davor verschlie-

ßen, dass es schon auch mit an meiner eigenen Studien-
entscheidung liegt, dass ich mich inzwischen auf Droge-
riemarkt-Aushilfsstellen bewerbe – und zwar erfolglos.
Lange habe ich mich an dieser Stelle mit meinem Idealismus geschmückt, der mich eben dazu führte, nach Nei-
gung zu studieren und nicht nach Jobaussichten. Inzwischen frage ich mich, wo die Grenze zwischen edlem
Idealismus und naiver Dummheit liegt. Letztens unter-
hielt ich mich auf einer Grillparty mit einem Bekannten, der Wirtschaftsingenieurwesen studiert hat, als es
hieß, das bräuchte man dringend, und der jetzt seit einem
Jahr sehr gut verdienend in irgendeiner Firma irgendetwas tut. Er meinte, dass er immer gerne Geschichte studiert hätte. Siegesgewiss fragte ich ihn, ob er das inzwischen nicht bereue (Subtext: Bereue, dich schnöde an die
kalte Wirtschaft verkauft zu haben, du Bückstück!), und
wartete auf zerknirschte Worte. Er lachte und meinte,
dass er einfach viele Geschichtsbücher in seiner Freizeit
liest, die er sich dank seines Jobs auch selber kaufen und
nicht in der Stadtbücherei ausleihen muss. Ich fühlte
mich den Rest des Abends wie ein begossener Pudel.

Es ist ja nicht so, als ob ich keine Geschäftsideen hätte.
Nach dem Bachelor wollte ich auf jeden Fall raus in die
Welt. Drei Jahre Uni reichten mir, jetzt wollte ich etwas
anderes sehen. Kurz vor Beginn der Bachelorarbeit beschlossen darum Sarah, die ebenfalls gerade ihren Bachelor schrieb, und ich, dass wir im Herbst einen eigenen
Laden aufmachen wollten. Wir wollten darin Fairtrade-

Kleider verkaufen, die schön sind und nicht öko oder sportlich aussehen, und dazu ganz süße selbstgebackene Cupcakes servieren. Man merkt an unseren Vorstellungen schon, dass es ein paar Jahre her ist, heute wären es wahrscheinlich selbstgeschneiderte Kleider von Dawanda und Macarons. Wir hatten auch schon einen Namen für unseren Laden, er sollte Herzblut heißen, und wir stellten uns vor, wie wir als erfolgreiche Jungunternehmerinnen in unserem florierenden Laden die Öffnungszeiten nach unseren jeweiligen Privatleben-Ereignissen gestalten würden und auch sonst wahnsinnig frei wären. Wir nahmen das sehr ernst und schauten nach Anzeigen für mietbare Ladenflächen in der Altstadt, denn unser Laden sollte selbstverständlich Dielenboden und hohe weiße Decken haben. Dann kam der Tag, an dem wir mit unseren vielen genialen Ideen in ein Unternehmensgründungsseminar der örtlichen Industrie- und Handelskammer gingen. Ich kann nicht genau sagen, woran es lag. An dem sehr langweiligen Vortragenden, der aussah, als hätte er auch schon 1950 Vorträge über Gewerbesteuer gehalten, daran, dass wir bis dato gar nichts von Gewerbesteuer gehört hatten, oder an den vielen schrägen Gestalten, die mit uns in diesem Seminar saßen und auch alle dachten, sie hätten die Idee ihres Lebens. Jedenfalls waren wir auf dem Heimweg sehr still, und dann redeten wir niemals wieder über Herzblut. Das ist die Geschichte, wie aus mir dann doch jemand mit Master, aber ohne Altbau-Kleider-Café wurde.

Kurz nach unserer Herzblut-Idee kam ich in eine sehr große Welchen-Sinn-hat-mein-Fach-Krise. Diese Krise ist vor allem unter Geisteswissenschaftlern weitverbreitet, ausgelöst durch das gehäufte Hören der schlimmsten Frage, die man Studenten stellen kann: »Und was macht man dann damit?« Wenn ich für jedes Mal, bei dem mir diese Frage gestellt wurde, einen Euro bekommen hätte, müsste ich sie heute nicht mehr beantworten. Am Anfang habe ich noch verschämt geguckt und dann eine sehr lange Antwort gegeben, die sämtliche typischen Arbeitsfelder von Kunsthistorikern und die schwierigen Aussichten auf dem Arbeitsmarkt analysierte. Dann sagte ich nur noch, dass ich das selber noch nicht wisse. Einmal sagte ich auch »Nutte«, aber das war nach drei Gläsern Sekt und einem Wodkasorbet bei dreißig Grad auf dem Geburtstag meiner Oma, und ihre golfspielenden Freunde fanden das gar nicht mal so lustig. Inzwischen beantworte ich die Frage nicht mehr.

Jedenfalls war ich in diesem Sommer nach meinem Bachelor in einer Sinnkrise. Ich fragte mich, wem es eigentlich etwas bringt, dass es Kunstgeschichte gibt, ob das nicht nur so ein Luxusthema sei und wie vielen Kindern in Afrika damit geholfen ist, dass ich mich jetzt etwas besser mit der Bedeutung der Zitrone im niederländischen Vanitas-Stillleben auskenne als 97 % der Restbevölkerung, und so weiter. Unterstützt wurde das Ganze noch durch meine Herkunft aus der evangelischen Dorf-Kirchengemeinde, in der inzwischen fast alle irgendeinen sozial und humanitär wahnsinnig sinnvollen Beruf haben. Generell gewinnt man oft den Eindruck, in christlichen Kreisen gäbe es eigentlich nur Ärzte, Krankenpfleger, Sozialarbeiter und Lehrer. Für Medizin war mein Abi von Anfang an zu schlecht, Lehrer wollte ich schon lange nicht mehr werden, für Krankenpflege habe ich eine wesentlich zu niedrige Ekelgrenze. (Auch wenn ich mich in meinen schlimmsten Zeiten als aufopferungsvolle zweite Florence Nightingale mit gestärktem Häubchen imaginierte.) Folgerichtig bewarb ich mich für Soziale Arbeit. Meine Eltern fanden das furchtbar, aber die ganze Kirchengemeinde war zufrieden: Endlich hatte ich eingesehen, dass ich mit Kunstgeschichte auf dem Holzweg gewesen bin, weil man dort eher keine Streetworker-Projekte ins Leben ruft. Ich wurde abgelehnt, es fehlte ein Punkt, mein Vater erzählt das heute noch mit glücklichem Lächeln. Also bewarb ich mich, völlig gebrochen ob meines weiteren Schicksals im »Was macht man dann damit«-Land, doch für den Masterplatz in Kunstgeschichte, bekam ihn sofort, und als ich mich im September einschrieb, waren meine gestärkte-Häubchen-Vorstellungen schon ein bisschen verblasst.

Inzwischen beneide ich Krankenschwestern um ihr Gehalt und ihre Jobaussichten. Krank wird schließlich immer einer.

Atemlos durch die Nacht

Die Uni ist ein bisschen wie der erste Tag am Gymnasium: Die Kleinen schauen die Großen an und denken, dass sie niemals so gebildet und erwachsen und abgeklärt sein könnten. Und die Großen schauen die Kleinen an, fragen sich, wo die letzten fünf, sechs, sieben Jahre geblieben sind, ob sie tatsächlich schon so alt aussehen, wie sie in den Augen der Jüngeren lesen können, und kreischen dann auf Partys immer ein bisschen zu laut, um sich selbst zu versichern, dass es noch ein langer Weg bis zum Altsein ist. So ist es an der Uni auch, aber grausamer. Weil für die Abiturienten, also die Alten an der Schule, das Leben ja trotzdem irgendwie gerade erst anfängt, aufregend zu werden und das Studium wie eine endlose Zeitspanne voller Jugend und durchfeierter Nächte, großer Romanzen, verruchter One-Night-Stands und intellektueller Höhenflüge vor ihnen liegt. Wenn man an der Uni beginnt, alt zu werden, weiß man: Jetzt kommen nur noch Bausparvertrag und Kindersitz. Und auch, wenn man zwischenzeitlich schmerzlich lernen musste, dass auch durchfeierte Nächte, große Romanzen, verruchte One-Night-Stands und intellektuelle Höhenflüge nicht immer die besten Ideen waren, man nicht mehr so einfach Tanzen bis Sonnenaufgang wegsteckt, gerne auch mal Wein aus der Flasche anstatt aus dem Tetrapack trinkt und überraschenderweise die Vorstellung von gesicherter Existenz plus heimeliger Familie einen heimlich sehnsuchtsvoll seufzen lässt, weiß man noch genau, wie es war, als man jung war. Ja, man ist immer noch ein Twenty-Something, und natürlich ist das aus dem Blickwinkel der Eltern, die langsam Pläne für die Rente schmieden, sehr jung. Aber im Uni-Universium ist 26 uralt. Das Altern an einer Uni ist hart und macht keinen Spaß. Jedes Semester wird man selbst älter, während die immer neu heranströmenden Erstis immer neunzehn bleiben, jung und noch gar nicht desillusioniert und ohne erste Grauhaarabdeckung. Erst merkt man es gar nicht so, im Gegenteil, man ist geschmeichelt, wenn man plötzlich auf Partys mit Jungs knutscht, die zwei, drei Jahre jünger sind. Aber irgendwann wird einem klar, dass man das primär deswegen macht, weil man Ältere hier gar nicht mehr finden würde. Irgendwann ist man auf WG-Partys ständig der Älteste im Raum und hört sich Ersti-Geschichten an. Und wenn man ist wie ich, dann wird es einem irgendwann zu blöd, sich durch »Ich promoviere gerade« als Oma zu outen, und man hört sich selber was von »Kunstgeschichte, zweites Semester, aber ich wechsel vielleicht auf Soziologie« murmeln. Die Erstis nicken dann beeindruckt und denken »Wow, zweites Semester«, und du denkst dir, dass du gar nicht wissen willst, wie sie gucken würden, wenn sie wüssten, dass es zwölf mehr sind. In einem meiner Lieblingsjugendfilme, »Schule«, laufen die Abiturienten abends am Ufer des Sees entlang, an dem sie die letzten neun Sommer verbracht haben. Überall sitzen Jüngere, und einer sagt: »Guck dich doch mal um, du siehst doch selber, dass hier nichts mehr los ist. Nur noch kleine Scheißer aus der zehnten oder elften. Andere übernehmen hier langsam das Kommando.« Die Uni ist mein See, die Heidelberger Partys sind mein Ufer. Andere sind da, Erstis, diese beneidete und gleichzeitig verachtete Spezies an der Uni, die man in der WG nicht haben will und denen man trotzdem ihre kulleräugige Begeisterung für schlechte Erstsemesterpartys, die anspruchslosen Proseminararbeiten und die vielen Semester, die sie noch haben, missgönnt. Es ist Zeit zu gehen, wenn man von den Teilnehmern der Orientierungswoche gesiezt wird. Ohne Ausnahme.

Wohin geht man denn dann? Wenn man wie ich keine Ahnung hat, weil man weder eine bevorstehende Hochzeit noch ein Wahnsinns-Jobangebot hat, dann ist das eine ziemlich schwierige Frage. Ich habe keine Ahnung. An manchen Tagen macht mir das große Angst. Dann bleibe ich im Bett, gucke Friends, und wenn das Telefon klingelt, geh ich nicht ran. Die letzte Woche war voller solcher Tage.

Um auf andere Gedanken zu kommen, fahre ich deswegen nach Hause zu meinen Eltern, es ist Samstag, und ich gehe heute mit meiner Cousine Steffi aus. Steffi ist genauso alt wie ich, hat aber eine Arzthelferinnenausbildung, einen Mann, ein frisch gebautes Haus und eine zweijährige Tochter. Man hört vielleicht heraus, dass ihr Leben und mein Leben relativ wenig miteinander zu tun haben. Manchmal beneide ich sie, manchmal beneidet sie mich. Wir schaffen es so gut wie nie, zusammen abends wegzugehen, aber heute schaffen wir es. Es ist August und noch warm abends, und wir gehen mit einigen von Steffis Freunden zusammen in eine Bar nach der anderen. Wir trinken Sommerschorle (Roséwein und dieses Wild Berry Tonic von Schweppes) und Margaritas und teilen uns eine Ausnahmsweise-Schachtel Marlboro. Als wir schon ein bisschen angetrunken sind, finden wir ein Großraumtaxi. Die Betrunkenste der Gruppe sitzt vorne beim Fahrer und reißt schlechte Witze, wir hinten sitzen zusammengequetscht wie die Hühner und kichern die ganze Zeit. Wir steigen vor einer Disco aus, in der ich das letzte Mal mit achtzehn war. Ich hätte niemals gedacht, dass ich hier noch einmal herkommen würde. Schon vor acht Jahren war das ein ziemlich peinliches Ding mit Schlagerraum und seltsamen Leuten. Wir bekommen am Eingang die Verzehr-Chip-Karte, und dann sind wir drin. Alles sieht so aus wie früher, und das Klientel ist auch in etwa noch das gleiche weiß bestiefelte und Solariumgebräunte geblieben. Steffi und ich trinken irgendeine Mädchenbiermischung und rauchen viel zu viel, denn hier darf man das noch. Es ist wie eine Zeitmaschine. Kurze Zeit später sind wir auf der Tanzfläche im Schlagerraum.

Die Sommerschorle, die Margaritas und die Biermixgetränke wirken ein bisschen. Es wird wirklich alles gespielt: Narcotic und Matthias Reim, und Helene Fischer läuft noch mindestens fünfmal in dieser Nacht. Ich entdecke, wie viel Oktoberfest und Malle in mir steckt, als ich sämtlichen DJ-Aufforderungen (Und wir hüpfen/ Und wir klatschen/Und wir eskaliiiiiieren) fröhlich Folge leiste. Steffi singt und hüpft neben mir, ich singe und hüpfe mit. Morgen werde ich heiser sein. Es kommt »Traum von Amsterdam« und Spice Girls und dann wieder Helene Fischer. Ich kreisele über die Tanzfläche und bin auf einmal sehr glücklich. Es ist eine gute Nacht. Es wird sich wohl alles finden.

Miriam Elia / Ezra Elia
Das Tagebuch von Edward dem Hamster
1990 – 1990
Aus dem Englischen von Sibylle Meyer

Band 51310

Montag. Mein Name ist Edward, und ich bin ein Hamster.
Dienstag. Heute kam der Tierarzt. Er hat mich angefasst.
Offenbar bin ich eine Frau.
Mittwoch. Doch keine Frau. Ich habe nachgesehen.
Donnerstag. Habe heute beschlossen,
das Rad nicht mehr zu benutzen.
Freitag. Sie können mir die Freiheit nehmen,
aber niemals die Seele …

In seinem erschütternden Tagebuch beschreibt Edward sein
Dasein zwischen Käfigstäben und Futternapf.

Willy Dumaz / Ingo Hofmeister
Optische Enttäuschungen
Band 19870

Willy Dumaz und Ingo Hofmeister lernten sich während des
Studiums des Spiel- und Lerndesigns an der Kunsthochschule
Halle kennen. Von einer Vorlesung offensichtlich enttäuscht,
schoben sich die beiden Studenten gegenseitig Zettel mit kleinen Kritzeleien zu, mit denen sie sich über das Thema lustig
machten. Das Ergebnis: ein herrlich skurriles, unverwechsel-
bares Humor- und Ideenbuch, das sich zu jedem Anlass verschenken lässt. Einfach ausprobieren und drauf reinfallen!

Das gesamte Programm gibt es unter
www.fischerverlage.de